ブスのたしなみ

カレー沢薫

太田出版

私は何ブス？ ブスタイプ診断

スタート
「あなたはブスである」

No → 診断
「自分がブスだと気づいていないブス」

Yes ↓

イオンに入っている、店名すら思い出せないショップで買った服を着ている。

Yes → 診断
ブスであることをどうにかしようともしない
「無頓着ブス」

No ↓

デザイナーズブランドを着ている。

Yes → 診断
奇抜な格好で周りに差をつけようとして、さらに差を広げられている
「個性派ブス」

No ↓

1アイテム5000円前後のシンプルな服を着ている。

Yes → 診断
派手な格好をするわけではないが、決して捨て鉢になっているわけではなく、女、いや人としてちゃんとした格好をしている「きちんとしたブス」

No ↓

努力や時間をかけるより、課金で何とかする派。

Yes → 診断
美容本やダイエット商品、高価な化粧品（使いかけ）が部屋を埋め尽くしている
「金のかかったブス」

No ↓

外面ではなく内面だと主張しがち。でも、内面での勝負の仕方がわかってない。

Yes → 診断
『キラキラ女子読本』の横に『ほっこり美人になろう』が並べられている
「自己啓発ブス」

No ↓

マジレスすると、全部守護霊のせいだと思う。

Yes → 診断
部屋を5歩以上歩くと、必ずパワーストーンを踏む
「スピリチュアルブス」

No ↓

輝いている人のオーラみたいなのを感じたいし、それをリスペクトする気持ちを大事にしている自分自身が嫌いじゃないし、まずはそこが自分の原点であり出発点な気がする。

Yes → 診断
意識高い系とのツーショット写真をインスタにあげることに命をかけている
「自分の意識は特に高くない系ブス」

No ↓

難しいことはわからないけど、肉とかおにぎりは好き。

Yes → 診断
「肉巻きおにぎりブス」

No → 診断
ブスであること以外ブス要素がない
「一点突破ブス」

ブスのたしなみ

まえがき

まさかの第二弾だ。

本書のテーマは、前作『ブスの本懐』同様、「ブス」である。

もうこの時点で、本書は「人間は楽しい仕事だけして生きられるわけじゃない」という深いアンサーを出してしまっている。

ただ惜しいことに、この数行の序文以降、すべて無益だ。

「無益」。思えば本書の本当のテーマは、そこなのかもしれない。前作でも「何も残らない」「読み終わった瞬間、内容を忘れる」と絶賛の声が相次いだ。

奇遇である。私も何を書いたか、一切覚えていない。よって、本書のテーマは「無益」、ジャンルとしては「記憶喪失本」である。自己を啓発し疲れた人は、ぜひ本作で「空白の数時間」を作り出し、脳を休めてほしい。

だが、そもそも「容姿」というのは重要なことのはずである。少なくとも本人にとっては、一生その顔で生きなければいけないのだから、一大事だ。

さらに他人の顔ですら、女優やアイドルが加齢などにより容貌が落ちたことを「悲報！」などと、ニュース速報扱いな我が国である。見た目の良し悪しというのは、もはや事件なのだ。

そう考えると「ブス」は毎日、顔面という現場で凄惨な事故が起きている。レインボーブリッジでさえ封鎖されようかというのに、「お前の眉毛はつながっている」という大クラッシュが連日起きているのである。

そのような、悪い意味で〝父と母の良い遺伝子〟を持つ名優を起用し、約1年という長い制作期間を経て生まれた超大作「ブス」という舞台。そこで「無」が生まれるとは、一体どうしたことか。

まず第一に、良い素材からクソを生み出すクリエイターは珍しくないし、今回もそれに当たっただけのことだから、「クソして寝ろ」ということ。そして第二に、今まで一喜一憂してきた〝容姿〟などというものは、最初からどうでもいいものだったのかもしれない、ということだ。

最初から「無」がテーマだったのなら、本書のような虚無が生まれても仕方がない。とりあえず、ここからは「逆脳トレ」のつもりで読んでほしい。

ブスのたしなみ　もくじ

待たせたな、ドブスども（戻ってきてくれと言われたわけではない）

「待たせたな、ドブスども。俺は帰ってきた」

今のは無人の武道館に侵入して、警備員に取り押さえられながら言った。

何となく戻ってきてしまうような気はしていた。それも読者の熱烈な要望に応えて、とかではなく自主的にだ。ライブだって、客が誰一人「アンコール」と言わなくても、一定時間経てば、アーティストは舞台に戻ってくる。

まさに今、大学デビューを「個性派」で飾ろうとしたブスの装い＝上はヴィヴィアン・ウエストウッド＋下はしまむらという「HiGH&LOW」を狙って「LOW&LOW」になってますよ琥珀さん、という衣装を脱ぎ捨て、黒地に「B」と書かれたライブTシャツを着てステージに立っている状態だ。

またせたな

Bは「ブス」あるいは「ババア」、もしくはストレートに「BAD」でも構わない。Bという頭文字は、悪い意味で無限の可能性を秘めているので、しゃらくさい映画のように、解釈は観た者の感性に任せる。

つまり、「ぜひ戻ってきてくれ」と言われたわけではなく、どちらかというと「ほとぼりが冷めたので、またやりますか。ブスを」という担当の「LOW&LOW」なテンションの要請に、「そうですね」と「ZERO&ZERO」のやる気で応えた次第である。

このように、ブスは「誰も望んでいないのに、そこにいる」ことに関しては一日の長がある。何せ本人が一番望んでいないのだから、間違いない。

しかし、なぜまたテーマが《ブス》なのか。

本書は「ブス図鑑」という名の連載をまとめた単行本『ブスの本懐』の第二弾である。『ブスの本懐』をまだ買っていないという人は、今すぐ買って燃やしてまた買おう。

読んだブスどもは気づいたと思うが、この本には一生分の「ブス」という単語が書かれている。完全な致死量だ。

それは書いた方も一緒で、来世分までブスと書いたし、最終的にブスが何なのかわからなくなったが、おそらくたまに雪山や水深3000メートルあたりで発見される生物か何かだろう。

要するに、「長靴いっぱいのブスを食ったので、もう腹いっぱいだ」という感じなのだ。ちなみに、ブスをギュウギュウに詰めたことがある長靴は、洗ってもう一回履くとかはしないで、焼き捨てた方がいい。「オシャレは足元から」と言われているので、「人は足から腐る」ということである。

ブスで腹いっぱいになると同時に、「ブスとは、これ一回で終わる気がしねぇ」とも思っていた。

少年漫画でいえば、作中で何回も戦う主人公のライバルキャラで、最終的に味方になったりする奴だ。漫画だと、作者的には何回も戦わせるつもりだったが、打ち切り的な理由で二回目がない場合もあるし、特に私の漫画ではそういうことがよく起こる。

つまり、ブスと再戦できるというのは、めでたいことだし、最終的に親指を立てて溶鉱炉に沈んでいくブスに対し、二度と浮かんでこないよう、追い溶銑《ようせん》するところまで行ければ大成功である。

もちろん、連載中には何度も「もう、ブスについて書くことなんてねぇよ」と思ったし、時には、ブスにまつわるテーマを振ってくる担当を物量がある方のロックで殴りたくなる「ブスとロック」などのテーマもあったが、書き始めると何かしら書くことがあるのがブスというものなのである。逆に本当に書くことがないなら、それは「ブスと決着がついた」という吉事である。

とはいえ、まだ書けてしまうので、やはりブスさんの懐と底は深すぎる。いくらでも下に行けてしまうという点で。これがもし、美人について書けとかだったら、「すごい」「楽しい」など、『けものフレンズ』程度の表現で終わってしまう。もう少し頑張れと言われたら、「ハーイ」「チャーン」「バブー」と書いて出すまでだ。

このように「美人」は人の語彙力を殺す。しかし、ブスはさらなる広がりを持たせる。美人を讃える表現にも、最後に「ブス」とつけるだけで「花も恥じらうブス」となり、「見ているこっちが恥ずかしいわボケ」という意味になってしまう。ブスには言語まで捻じ曲げる力があるのだ。

つまり、ブスは美人をはじめ、すべてを飲み込んで内包する「宇宙」と言えるのである。

私が宇宙の話をする時は、「そろそろ書くことがない」という合図なのだが、実際、積極的にブスの話がしたいわけではない。よって『ブスの本懐』同様、テーマは担当頼みである。そうして、送られてきた担当のブスリストのトップには「からあげブス」と書かれていた。前回の連載の終わりで「次は猫か、からあげの話をしたい」と書いたのを覚えていたようだ。

この担当ともまだ終わる気がしない。ぜひ溶鉱炉まで行き、担当を念入りに終わらせたいところである。

ブスに終わりはないし私個人としても30半ばになった今からが本番だ

単行本『ブスの本懐』に収録する原稿を書き終え、やるべきことは終えたと思っていたのだが、連載の方は続くという話を担当から言われた。

ナニ事も、ホイッスルが鳴った後に「延長戦」と言われるのは辛いことである。相手がブスなら、なおさらだ。

しかし、ブスに終わりはないし、私個人としても30半ばになった今からが本番だ。今までなど『タイタニック』でいえば、まだジャックとローズが甲板で何かやっているところだ。これからガンガン沈むのである。

「女は若ければいいというわけではない」と言っている女は、5億％〝若くない〟女なのだが、身体的にはどう頑張っても下り坂になってくるのは事実だ。そこで踏ん張

さぁ
サドンブスのはじまりだー!
BUSU

るか、転がり落ちるかは人による。私などは「自然なことなのだから仕方がない」と、今にも土に還らんばかりに諦めていたつもりだったのだが、正直、加齢によって現れるブスというものを舐めていた。

先日、友人の結婚式があった。

余談だが、私は友人が極めて少ないため、結婚式などに出席することが非常に稀である。よって、ご祝儀貧乏とは無縁である(他の貧乏とは大体友達)。このように、友達が少ないというのは節約になるのだ。よって、これからは「友達が少ない」などとネガティブな言い方をせずに、「友人を削減することにより、コスパの向上を図っている」と変なデザインのメガネを押し上げながら言えばいいと思う。

そんな数少ない友人の門出を祝う席に、あまりみすぼらしい女がいては申し訳ない。一着しか持ってないフォーマルドレスには、既にクリーニングでも取れない謎の油染みが飛散しているのだが「せめて髪ぐらいは」と、プロにセットしてもらった。

普通にアップスタイルにしてもらったのだが、とにかく白髪が目立つのだ。白髪が増えているのは知っていた。美容院で染めるのは時間も金もかかるし、自宅で染めると、風呂場が「ここで何かを〝バラした〟」みたいになるので、久しく染めていなかったのだ。

それも「まぁ白髪ぐらい生えるわいな」と諦めていたのだが、さすがにこういう席では気になる。よって、目立つものだけ抜いてしまおうと便所へ向かった。

しかし、一本だけ毛を抜く、というのは難しいものだ。時間もないし、多少黒い髪も一緒に抜けてもいいやと思い、私は数本の髪の束を引っ張った。

何の抵抗もなく抜けた。

「ゼロ・グラビティ」という言葉が、その瞬間脳裏をよぎった。

そりゃ抜けるだろうと思うかもしれないが、昔は、もっと痛かったり、なかなか抜けなかったりしたはずだ。非暴力・不服従だったはずのガンジーが、いつの間にか、物わかりの良い柴犬になっていたぐらいの驚きがあった。

おそらく、若いころに女が想像する老化といったら、シワやシミができるとか、顔や体がたるんでくるとか、その程度であり、「私ももう30半ばだし、そろそろ毛根死んじゃうだろうな」とは、なかなか思わないものである。

シワ・シミに対しては、くることがわかっているので、ドモホルンリンクル軍を要請するなどの準備ができるが、思いもよらないところから鉛玉が飛んでくるのが老化ということがわかった。もちろん、何の覚悟もしてないから、被弾した時のダメージがでかい。

シミだって、加齢した時のために、少し意識の高い女なら若い時から紫外線予防に努めているものだが、最近になって、まったく日に当たった覚えがないところに謎のシミが散見されるようになった。

腕とか脚ならまだわかるが、腹周りとかにあるのだ。もしかして、知らないうちに全裸で真夏の街を歩いていたのか、という位置にできるのだ。まったく理由なきシミである。理由があるとしたら「それが老化なのだ」としか言いようがない。

だとすると、よくは見てないが、ケツとかも若いころに比べ、相当汚くなっているはずだ。「年を取ってシワが増えた」なら、そりゃそうだよなと思えるが、「30過ぎてから加速度的にケツが汚くなった」になると「マジか」となるのである。

このように、予期せぬブスが襲い掛かってくるのが老いというものだ。30を越えてゲリラ戦に突入である。30も過ぎ、容姿に関することにはある程度悟った気でいたが、まったくスイートであった。これから、ますます自分の体に「知らないブス」が現れるという、世界ドブス発見ミステリーツアーはまだ始まったばかりなのである。

だが、私がこのツアーにおいて人様より一歩先んじているのは、「歯」である。

私は自らの不摂生により、20代で突然、前歯が抜け、歯医者に入れ歯にするかどうかの選択を迫られるなどのクライシスを経験しているため、これから歯にどんな事件が起ころうとそんなには驚かないと思う。

そんな先人としてひとつアドバイスするなら、「突然前歯が抜けたら、とりあえずその顔を見て笑っておく」である。

どんな危機も、それを笑えるか笑えないかで、事態は変わるものである。

「ブスは性格が良い」という、女にとって非常に迷惑な迷信

そういえば、当コラムでは「性格におけるブス」についてはあまり触れてこなかった。

何せ今まで、ブスであることに忙しすぎて、そこまで気にする余裕がなかった。「人は顔じゃない、内面だ」というが、恵まれない子に年間2兆円寄付している人でも、全裸で外に出たら逮捕されるのである。まず外面がある程度ちゃんとしてないと、内面を見てもらえさえしないのだ。

前の本でも書いたが、ブスに対して「ブスなんだから性格ぐらい良くしろ」と要求するのは間違っている。そんなの「貧乏なんだから税金を多く納めろ」と言っているのに等しい。

こういう生き方しか
ブス
できないけど
いいじゃないか
コイツよりマシ

むしろ、そんなことを言われて性格が曲がらない方がおかしい。もし、性格の良いブスがいるとしたら、そんなことを言う輩を、苦しまずに一発で仕留めてあげる〝ゴルゴブス〟のことだ。

その昔、「ブスは性格が良い」という、女にとっての迷惑度としては「コーラで洗えば大丈夫」に匹敵する迷信があった。

美人は性格が悪い説を唱えたのは明らかにブスだろうが、この説を唱えたのはおそらくブスではない。ただでさえ生きづらい人生のハードルを自ら上げても仕方がないからだ。

まだ「ブスは深夜、高速道路を120キロで走る」など、おもしろ都市伝説方面に持っていかれた方がマシだ。

たぶん、「ブスは性格が良い」と言ったのは、尽くしてくれる上に浮気などしても文句も言わない、扱いやすいブス彼女がいた男ではないだろうか。つまり、性格ではなく「ブスは都合が良い」ということである。

しかし、現代のブス学では「ブスは性格が悪い」「美人は性格が良い」の方が理論的には正しいと言われている。

まず、美人は幼少期から皆に可愛がられ、人に好意を向けられることにも慣れているので、まっすぐ育つし、心に余裕があるため他人にも優しくできる。

逆にブスは、生まれながらに世界が自分に厳しい。生き抜くために心を〝ブ装〟していかなければならず、精神状態的には、人間に絶望して世界を滅ぼそうとするRPGのラスボスみたいになる。

むしろ、それにも関わらず世界を滅ぼさないでやっている。「ドブス様はやっぱり性格が良い」という結論になってしまいそうだが、やはり美人より曲がりやすい環境であることは否めない。結局、「自分に優しくない世界に、優しくすることはできない」ということである。

しかし、叩かれて曲がることもあるが、強くなることもある。どうせならさっさと自分がブスであるということに気づいた方がいい。

平等の名のもとに、運動会で全員が手を繋いでゴールしていては、子どもが何が得意で何が不得意であるか気づけないように、学芸会で全員に白雪姫の役をやらせるようでは、ブスは自分がブスであると気づけない。

むしろ幼稚園の時に、毒リンゴとか、大きめの石Aの役をやって、自分はこういう場で輝くタイプじゃないと気づいた方がいいし、気づかせてあげるのも教育だ。

クラスの全員がブスだったら、全員に大きめの石をやらせて、全員が舞台の上で微動だにせず、何もない空間にスポットライトが当たっているという劇をやればいいし、そういう「観た者の解釈に任せる」みたいな、しゃらくさい劇は本当にありそうだ。

なんなら、一番カワイイブスにお姫様の役をやらせて勘違いさせる方が残酷だ。

それよりは、自分が輝けるのは顔ではないと早々に気づき、自分が何で輝けるかを見つけてスキルを身につけていくブスの方が、現代社会では強いと言える。

だが、今そういう強いブスの話はやめよう。せっかくだから、叩かれれば叩かれるほど曲がりに曲がっていくブスの話がしたい。

まず、そういうブスが白雪姫の劇で、小人の家の周りに生えてる明らかに毒があるカラフルなキノコA役を仰せつかったとする。

もちろん、曲がったブスはそれを不服に感じるのだが、「可愛くなって次はこげ茶じゃなくてピンクのキノコ役になろう」などとは思わない。

「白雪姫役、マジで死なねぇかな」と思うのだ。

もしくは、隣のビリジアンのキノコ役よりはマシだと思っている。虐げられたことによって生まれた反骨精神を、自分が這い上がるためでなく、他人が落ちてくるのをひたすら祈るのに使うのである。

当然、自分の幸せよりも他人の不幸を見つけようとするし、むしろ他人の不幸が自身の幸せなのだ。

もはや、他人の不幸を見つける名人を紹介する番組があれば出ていいレベルだが、もちろん名人役ではなく「名人は他人の不幸を見つけるのに、これを使っている」という、窪田等氏のナレーションと共に現れる〝トリュフを見つけるのが上手い豚〟ポジションである。

また、白雪姫役を妬ましく思いはするが、決して「可愛くて羨ましい」とは思っていない。むしろブスだと思っている。曲がったブスは卑屈な上、他者も絶対に認めないため、ブスの見る世界は、常に便器に顔をつっ込んでいるかのように綺麗なものがひとつもない。

「ブスの上に、性格もブスで救いようがない」と思ったかもしれないが、今まで誰も救ってくれなかったからこうなったのである。

それに、自分に優しくない世界に対して優しくする必要がないように、ブスだけど頑張っている姿で他人に勇気を与える必要もないのだ。
〝顔のパーツ配置の自由さと同じくらい自由に生きる権利〟が、ブスにもある。

私たちを待ち受けている老後は「絶世のブス」ということである

11月22日は私の誕生日だ。

わかったらすぐ、拙著を買って燃やしてまた買え。急務だ。

ちなみに34歳になる。30過ぎたらあっという間というが、本当にこの4年ぐらい記憶がない。おそらく何もしてないせいだろう。

少なくとも若くはない。女子高生あたりから見れば、ババアを越えて遺灰だろうし、男から見ても確実におばさんカテゴリだろう。かといってババアぶると、もっと先を行っていらっしゃるババア先輩から「30代でババアとは片腹痛い。尿漏れしてから出直してこい」と怒られる。そして、熟女博士からは「まだロリコンレベル」と相手にされない。

つまり、中途半端な年代である。

私自身としては、20代後半から誕生日がくる度に「今のうちに何かしなければ」（そして何もしない）という気持ちがだんだんなくなり、親のこととか、自身の老後のこととか、新装開店より店じまいのことを考えるのが多くなった。

そう言うと、だんびらを持ったババア先輩に「30代ならまだ何でもできる。寝言は介護保険を納めてから言え」と怒られてしまうのだが、30半ばにもなって、誕生日がくる度に「今日から新しい自分」と、自分探しの旅に出てしまうのもどうかと思う。

しかし、私たちの老後はドブスである。

これは、年を取ってからもブスだという、今更当たり前のことを言っているわけではない。私たちを待ち受けている老後は、「絶世のブス」ということである。

まず、社会情勢的に明るい展望が一切ない。

私はこうやって文章を書いて糊口《ここう》をしのぐこともあるが、これはあくまで副業であり、本業は「エゴサーチャー」と「他人の不幸ソムリエ」だ。

〝蜜の味〟といわれる、人の不幸をたしなむ人間は多くいるだろう。しかし、不幸ソムリエは、より上質な不幸を求める探求者である。

参加者
カラアゲ
ブ
だむ

自分のせいじゃないのに不幸という「かわいそう」な要素がある不幸では、不幸ソムリエの舌は満足しない。「徹頭徹尾、自業自得で不幸な人」を求めて、ソムリエは今日もネット巡回を欠かさないのである。

そんな探求道の中で、最近よく目にするようになったホットワードは、「下流老人」「老後破産」である。

読んで字のごとく、貧しい老後を送る人たちである。これは不幸ソムリエとしてはあまり美味いものではない。なぜなら、老後破産や下流老人は自業自得というより、割と普通にやっていた人でも、予期せぬことから、そうなってしまうからである。

今でさえそうなのだから、我々が老人になるころには「普通にしてたら老後破産」ということになる。

どんなブスでも、5キロ離れて見るか、逆に5億倍拡大して見れば、美しいところが見つかりそうなものだが、私たちの老後に関しては明るいニュースがゼロなのである。どんなに探しても「我々が老人になるころには、社会はこのように良くなる」という文献が見つからないのだ。非の打ち所がないドブスだ。

金に関しては今より悪くなることは確定だが、誰が老後の自分の面倒を見るのかという問題がある。

そう言うと、「お前は結婚しているじゃないか」と怒られる。というか、私はありとあらゆる局面で結婚していることを怒られ続けているのだが、どうしてこの「結婚神話」はいまだになくならないのだろうか。結婚したら2兆円もらえて、老化が止まり、8億年生きられると思っているとしか思えない。

このように、めでたいはずの誕生日に思う存分暗くなれるのが、ブス必須の「ブスキル」なのだが、正直これは考えても仕方がないことだ。

どう見てもブスなものを一日中眺めて、「まつげが3本しかない」「鼻の穴が佐野ひなこのウエストぐらいある」など、一つひとつブスを数えていっても仕方ない。

だから、ブスのもっと明るい誕生日の祝い方を考えたい。

祝いといえば、やはり神輿だ。異論は認めない。特製のブス神輿をあつらえる。もちろん、ひとりで担ぐのではなく、同じ誕生月のブスを集めて担ぎたい。当然、揃いのハッピだ。背中には「ドブス」でもいいが、4人並べて「ド」「ブ」「ス」「☆」とかでもいい。

そして、顔をバッシバッシ叩きながら「ヨッシャー!」とか言っているブスたちに、

「では、一番ブスな人が上に乗ってください」と言う。

その瞬間、自称開き直っているブスは微妙な空気になり、アイコンタクトで「誰が乗る？」をやりだしてしまう。

どうせなら、ここで「俺が！」「いや俺が」「じゃあ俺が」「どうぞどうぞ」という、ダチョウさんの鉄板芸ができるメンツを揃えたいものである。

「一日も休まずブス」という
ブス界の超優等生は美人界では完全な不良

最近、「美金」という言葉が流行っているそうだ。

もうこの言葉を聞いた時点で、レベルの高いブスなら痰を吐いて、それがつま先にかかっている。

また新しい美容法のお出ましだ。毎年必ず、新しい美容法やダイエットが生まれ、それに飛びついたブスたちが経済をトリプルアクセルさせたあと、それらはそっと消えていく。

別に消えるのは、その美容法が間違っていたというわけではない。どんな方法でもそれなりに効果はあるはずだ。ただ、それを成果が出るまで続けられなかったブスたちが、次の美容法に飛んでいくから廃れていくのだ。ブスというより、もはやイナゴである。

「美金」は美容法というより「次の日が休みの金曜日の夜こそ、遊び歩かずに半身浴など、いつもより時間をかけて美容にイイことをしよう」という、ブスからすれば意識が大気圏を突き抜けている考えである。

よって、最近では「花金より美金！」と言われているようだが、まず花金が30代以上にしか通じないというトラップがある。

つまり「皆が浮かれている金曜の夜こそ、凡百の女に差をつけるチャンス」というわけだ。

もちろん、ブスにとっても金曜の夜は〝差をつけられる〟ビッグチャンスなのだ。

まず、ブスが金曜の夜に仕事を終えて家に帰り、ドアを閉めた時点で、沢田研二の「勝手にしやがれ」のイントロが流れる。そしてそのまま、3リットルのコーラボトルを抱いて、朝まで中学のジャージでふざけよう、ワンマンショーで、なのである。

明日が休みの金曜日だからこそ、いつも以上に破天荒に過ごそうというのがブスの発想である。もちろん、お肌のゴールデンタイムなど完無視だ。

さらに、「寝なければ永遠に金曜の夜」というルールのため「就寝」という概念す

汗まみれ
打ち首
獄門
それが半身浴

らない。あるのは「寝オチ」だけであり、目を覚ますと、そこは床で、観ていたアニメがつけっぱなし。さらに風呂にすら入ってなかったりもするので、梅雨時に放置されたコロッケのような姿で土曜の朝を迎えるのは、まだいい方なのだ。昼、もしくは夕方までワープしてしまうブスもいる。

もちろん、この「美金」とやらに飛びつく、イナゴブスもいるだろう。

しかし、美意識の高い女性とブスの「美金」の捉え方はまるで違う。意識の高い女性は、平素から平均以上のケアをして、金曜にスペシャルケアをしようという発想だ。一方、ブスは一週間溜めた洗濯物を週末に洗う感覚なのである。つまり、月〜木曜日に、化粧すら落とさず寝ていたものを美金でチャラどころか、「美金するからいいよね！」という感覚で、平素のケアをさらに怠ったりするのだ。

このように、新しい美容法に飛びついては挫折するブスは、一度のスペシャルで今までの邪智暴虐をなかったことにしようとする傾向がある。これは「飲むだけで食ったカロリーがチャラになるサプリ」が主食のブスに似ている。

こういうブスは、「一日も休まずブス、ブス皆勤賞、ブス界の超優等生」なのだが、美人界になると完全な不良なのである。それも、学校も行事もサボりまくりのくせに、たまに捨てられている子犬を拾って好感度を上げようとするような、性質の悪い不良である。

イケメンの不良なら、この方法によりマジで好感度が上がるが、何せブスである。子犬を抱いていても、「昼飯をゲットした人」にしか見えない。「美金」などと言ったら、いかにも優雅で、自分を可愛がっています感があるが、実際はうどんを打つぐらい大変そうである。

まず〝半身浴〟。正直、暑い。そして暇である。暇度としては、ウンコしている時ぐらい暇だ。30分間、湯に浸かるだけといっても、実は相当難易度が高い。特に、平素「湯船に3秒浸かれば風呂に入ったことになる」という3秒ルールを適用しているブスにとっては至難の業だ。

それ故に、本を持ち込んだり、音楽を流したりと、優雅なバスタイムを演出する小物が登場するわけだが、何せ暑いため、本なんてそう落ち着いて読めない。ウンコしてる時の方が湿気もないし、よほど集中して読める。つまり、半身浴というのは、優雅どころかウンコタイム以下なのである。そういうのが平気な人はいいが、早風呂で落ち着きのない人間にはかなりの忍耐を要する。

また、ワンランク上のバスグッズでセルフマッサージ、などと言えば聞こえはいいが、文字通り「セルフ」である。人がやってくれるなら良いが、時間をかけて念入りに、洗ったり揉んだり擦ったりは、はっきり言って重労働だ。

それにスペシャルケアというのは、顔の洗い方ひとつとっても、手順がある。「❶を塗って、それを洗い流し、❷を塗って、そのあと❸を……」など「顔面で、ねるねるねるねでも作ってんのかよ」というくらい、ややこしくて面倒くさい。

一回だけなら良いが、週一でも続けるのは大変だと思う。やはり、美を手に入れられる女は、週一でうどんが打てるぐらいの継続力があるのだ。

しかし、最近の美容法は、何でも楽に簡単に、さらにオシャレで楽しくできるというイメージを持たせすぎな気もする。だから想像と違うことが多く、さらに続かなくなるのだ。

なので、「美金」とか「自分の体にご褒美」とか、しゃらくさい言い方をせず、「高温多湿な場所でのウンコタイムぐらいの難易度（だが効果はある）」くらい、最初から現実的な言い方をした方が良いのではないかと思う。

セックスは楽しいことであり、そこに楽しさ以外があってはならない

「セックスの話をすると連載のアクセスがいいから、セックスの話をしたらいい」

そんなIQ0・2の打診を担当からされた。

確かにそれは正しい。人間というのは、お宝があると感じれば、その先にどんなフィッシング詐欺が待ち受けていようと「エロバナー！　クリックせずにはいられないッ！」なのである。

しかし、連載に関して言えば、タイトルが「ブス図鑑」だ。仮にその先にセックスがあったとしても、確実にブスもいる。むしろ、ブスのセックスがある可能性が高い。いくらセックスでも、それはノーサンキューなのではないだろうか。

だが実際、連載でもセックスの話をするとアクセスがいつもより良いらしい。つま

り、人間はセックスでさえあれば、もうブスでも構わないらしい。人類的なものが生まれてから、すでに約700万年ぐらいである。もう少し進化してもいいのではないだろうか。

そういった理由から、拙書『ブスの本懐』には書き下ろしで「ヤリブス」が掲載されたわけだが、今読み返してみると、なんかドンヨリした話である。

そもそもセックスというのは、楽しいことである。むしろ、そこに楽しさ以外があってはならない。するのも見るのも最高のエンタメでなければならない。

なぜ、そこに「ブスとセックスの関係には闇がある」みたいな話を持ち込むのか。そんなの「BLを好む女子の家庭には問題がある」ぐらい唾棄すべき論調である。これは、ブスにもおセックス様にも失礼だ。

セックスの話だけでなく、この世には「心の闇ハラスメント（=心の闇ハラ）」というものがある。

これは、人が「拙者は、男同士のアナルセックスが三度のメシより好きでござる」とか、「それがしの一日は、ベッドの中で二次元キャラと自分との新婚生活を夢想することで終わる」とか、ただ自分の好きなことを嬉々として語っているだけなのに、

あたしがこうなったのは
昔…！
やたら心の闇アピールするブスもいる

「それは君の幼少期のトラウマによるものだ」とか「心理学的にいうと、そのような行動は……」などと、すべて心の闇がお前をそんなイカれた趣味に走らせているのだ、としたがる奴の行為である。

そこから「そんなお前の心を救ってやれるのは俺だけ」という話になったら、役満なので殴っていい。法律上、罪にならない。

このように、ブスだって何の理由もなく、セックスぐらいするし、それを楽しんでいる。つまり、もっと明るいセックスの話をしようぜ、ということである。

ただ、「ブスとセックスの闇」より「明るくセックスをするブス」の方がアクセスが下がりそうという問題はあるが、ここはアクセスよりセックスだ（上手いことを言った風になるかと思ったら全然ならなかった）。

実際、ブスの方がセックスにおいて、いいパフォーマンスをするという場合もあるそうだ。

なぜなら、セックスというのは美醜や体の良し悪しではなく、「どれだけ振り切れるか」が重要とされているからだ。

誰しも、ひと仕事終えたあとにやってくる「賢者モード」に、むなしい思いをしたことがあるだろう。このように、セックスに冷静はご法度だ。常に情熱と情熱の間でなければならない。

そして、自分に対する美意識やプライドが高い女ほど、行為中に冷静になったり、集中度が低かったりするのだ。「化粧を崩さずしたい」などと思っていたら、その時点でパフォーマンスが相当落ちる。

その点、「ブス」を自覚している女は強い。

ブスを自覚しているため、たとえ行為中に白目をむいたとしても「もう誤差のうちだろ」と思えるため、「ブスであればなんでもできる！」とアントニオ猪木の名言のように、セックスにおけるタブーが少ないのである。

平素は「もっとなりふり構え」と思われているブスも、セックスの場においては「なりふり構わなくていい」というのが大きな武器になっているのだ。

では、ブスを自覚しているブスのセックスは、全部卑猥の限りを尽くした祭かというと、やはりブスゆえに悪いセックスをしてしまうブスもいる。

それは、ブスだと自覚している上に、冷静で自意識が高いブスのセックスだ。

そういったブスは、まずセックス自体を避けるし、何とか説得して（なぜ説得しようとしたかはわからない）、そういう場に持ち込んだとしても「きっと、私の体を見たら試合が終了してしまうに違いない」と部屋を鍾乳洞ぐらい暗くしてやろうとする。

もちろん、そういうブスとのセックスはタブーとNGだらけだし、途中「死んでる？」と思うほど何もしないし、すぐに終わらせようとする。

「どうせするなら、楽しいセックス！」と言いたいが、最初に言った通り、ブスだって自由にセックスしてるし、していいし、したくないなら、しないでいい。

セックスなんてそんなものだし、深い闇も意味もいらないのである。

合コンには「からあげレモン問題」と同じように「ブス問題」がある

今回のテーマは「からあげブス」である。

そう言い残して、魚民とか行きたい。こんな言葉が出てしまった時点で、本日は閉店だろう。

『ブスの本懐』の最後の方に「今度は、からあげか猫の話をしたい」と書き残したら、担当がその思いを汲んでくれて、このテーマを出してきたのだ。

夢というのは、中途半端に叶うぐらいなら、まったく叶わない方が良いという好例である。

「からあげとブスの関係性」を科学していけば良いのだろうと思うが、まず、からあげさんはブスと関わりたくないと思う。しかし、からあげとブスは無関係というわけではない。365日、からあげだけを大量に食べ続ければ大体の人間はブスになれるからだ。

世の中に売っている美容サプリや化粧品などは、ザックリ言ってしまえば「美人になる薬（※効果は個人の実力によります）」だ。そういった意味では、からあげは「ブスになれる薬」と言える。

ただ単にブスになりたいだけなら、ラードなどを飲み続ければ良いかもしれないが、それはそれでキツくて続かない。その点、からあげは「美味しくてブスになれる」というミラクルフードである。

美味しいことを売りにしている美容食は多いが、からあげほど美味いものはそうそうないだろう。もちろん、中には「365日も待てない」という、わがままボディ（0・1トン）もいるかと思う。

そういう場合はもう、額とかに、からあげを貼り付けて歩けば良い。「貼るロキソニン」ならぬ、「貼るからあげ」だ。しかも効果が目に見えてわかる。

まさに、からあげは「ブスの特効薬」と言える。あとは、治す方の特効薬が一秒でも早くできてくれることを神に祈るばかりだ。

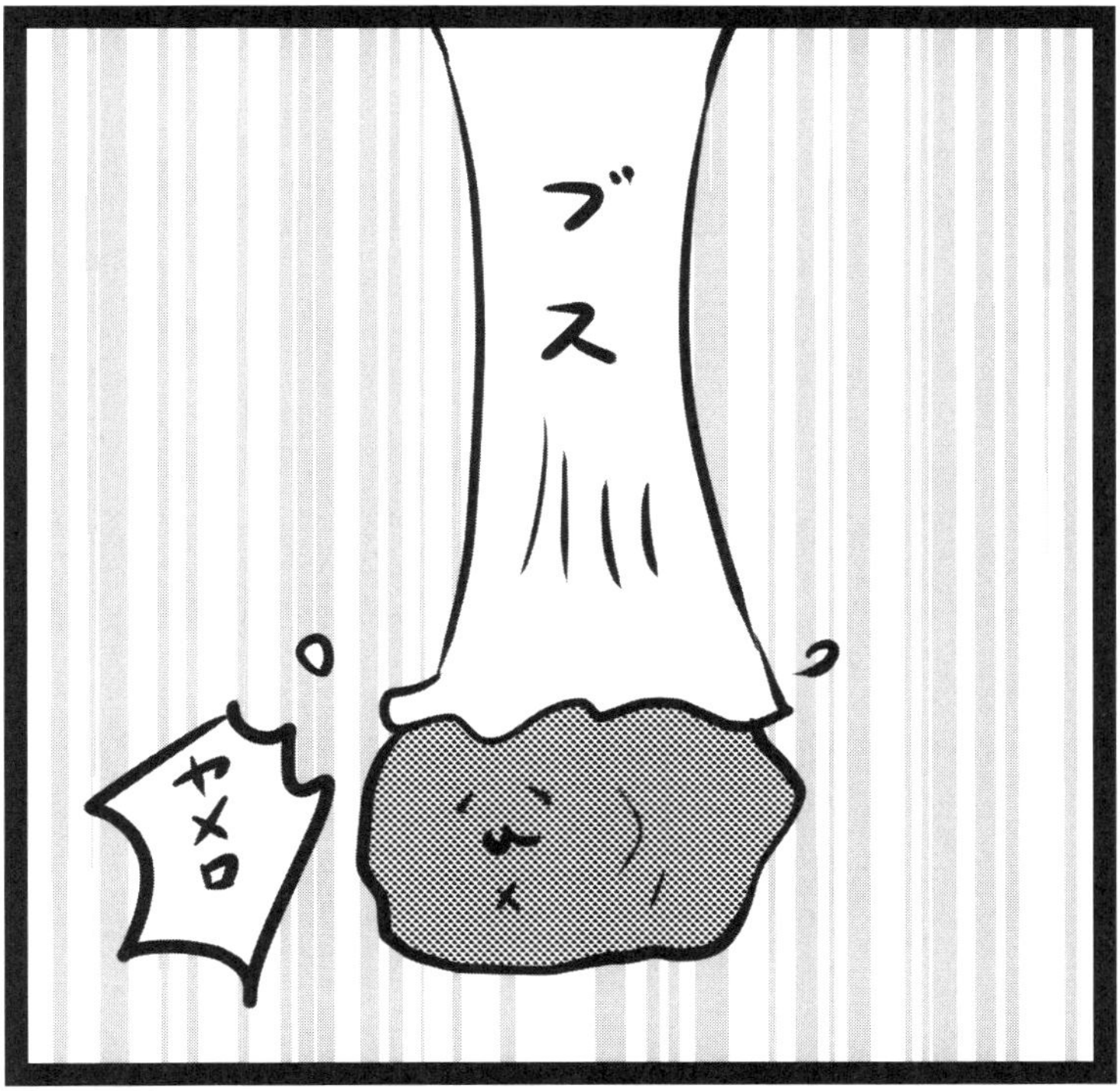
ブス
ヤメロ

それはそうと、からあげといえば「合コン」だ。唐突な話題転換で申し訳ないが、こんなテーマ、ひとつの話題でもたせろというのが無理なのだ。

すでに敢闘賞ぐらいもらっていいほど頑張っている。

合コンは、大体居酒屋で開催される。そして、居酒屋のコース料理には、大体からあげが出てくる。そこで浮上するのが「からあげレモン問題」だ。大勢で食べるからあげに、個人の一存でレモンをかけるのは万死に値する。許可を取って行うのがマナーという話である。

これは「無許可でレモンをかける奴が悪である」とされやすいが、その行為に対し異常な目くじらを立てる奴の方が悪ではないだろうか。

合コンの成果はなくとも、金と時間をかけているのだから楽しく過ごしたい。それを、からあげにレモンがかけられるや否や「気分をGUYした」という態度を取る奴がいたら、どうだろう。しつこい奴になると、終わってからSNSに「今日の合コンは、勝手にからあげにレモンをかけられた。ありえない」などと書き込んだりするのだ。

そういうタイプは、付き合ってからも、相手の一挙一動を「ありだ」「なしだ」とジャッジしてSNSに書く。正直、からあげにレモンを勝手にかける奴より「なし」である。

他人の意見を聞かず勝手にレモンをかけるのは、確かにマナー違反かもしれないが、そこまで怒ることではないだろう。

ところで、合コンには「からあげレモン問題」と同じように「ブス問題」がある。

余談だが、「ところで」という言葉は便利だ。

合コンで「カワイイ子、連れてきて」と言ったら、もれなくブスが揃ったという〝ブスリーセブン〟は決して珍しい現象ではない。合コンで成果を出したい女が、自分より上の女を連れてくるわけがない。ブスが揃うのは自明の理だ。

そんな理由で合コンに呼ばれたブスには、二種類のブスがいる。

引き立て役にされたと気づかず、やる気満々で来てしまうブスと、何となく、なぜ自分が呼ばれたかわかっているブスだ。

後者のブスは、唯一「からあげ無断レモン」に激怒していい人だ。なぜなら、このブスは「合コンにからあげを食べにきたブスさん」だからである。〝ボーイミーツガール〟という合コン本来の目的に、何の期待もしていないブスが、何しに合コンに来るかというと、「飯を食いに」である。

そのためだけに「小ブスの引き立て役」という立場を甘んじて受け入れてやっているのに、さらに無断でレモンをかけられたとあらば、上等な料理にハチミツをぶちまけられた範馬勇次郎ぐらいブチギレても誰も文句は言えない。しかも、こともあろうに、そのからあげ無断レモンした奴が、引き立て役だと気づいていないブスだったりするのだ。

悲劇である。

ふたりとも同じ目的で集められたブスなのに、からあげのおかげで、ここまで道が違ってしまった。ただ、レモンをかけたブスが、そもそも「からあげはみんなで食うもの」という発想がなく、ひとりで食うつもりでレモンをかけた、というならノーカンだ。罪はない。が、そいつを呼んだ奴は即刻処刑だ。

からあげは美味い。その一言で済むものを、なぜ人はここまで揉められるのだろう。

しかし、それよりも断罪されるべきは、からあげにレモンどころかブスをかけたことかもしれない。

「常識にとらわれない」ことに関しては ブスさんの右に出る者はいない

前回の「からあげブス」という難テーマを乗り越えた俺に、もう怖いものは何もない。

そう思っていた。担当が出してきたネタリストの「からあげブス」の下に書かれている「とんかつブス」という文字を見るまでは。

すぐさま「貴様、やる気はあるのか！」と心で思いながら、無言で担当を何回も殴ろうと思ったが、やめた。「じゃあ、お前はあるのか！」と言われたら困るからだ。

しかし、その下に「スイーツブス」「白米ブス」と書かれているのを見て、殺る気がみなぎってきた。

担当いわく「食べ物系ブス」という括りでテーマを出してみたらしい。その数16個である。

書いている途中で、食べ物に申し訳ないと思わなかったのだろうか。「食い物を粗末にしてはいけない」なんて、人として基本中の基本だ。

中には「シェフの気まぐれブス」などという、言葉の面白さ以外、何も広がらないブスまで書かれている。確かに、神の気まぐれでできたとしか思えない造形のブスもいる。真剣に作ってソレなら、神は今すぐコック帽を脱いで、すき家とか行った方がいい。

さすがに食い物ブスが連続するのは胃に悪い。よって、次のテーマ項目に行くことにした。

そこには「塩顔ブス」「しょうゆ顔ブス」、そしてその次には「肉食系ブス」「草食系ブス」と書かれていた。

もしかして担当は、腹が減っているのではないだろうか。とりあえずラードを10ガロンぐらい飲んでからやり直してほしい（人生を）。

しかし、一言でブスと言ってもやはり色々あるのだ。同じ波が二度は来ないように、同じブスもふたつはない。ただ誰も乗らないだけである。

ブスができる
過程
オリーブ

もし、同じブスが二回来たということがあれば、それは同一ブスが振り子かよ、というぐらい行ったり来たりしているだけだ。

古来より、人の顔を調味料にたとえる手法があった。そして最近は、オチにオリーブオイル顔として速水もこみちがログインしてきた状態だ。

これはもちろん、ブスにも使える。しかし何せブスである。しょっぱかったり、甘かったりはするが、「全部不味い」という状態だ。

例えば、塩顔ブスなら「あっさり系の薄めの顔のブス」ということになるが、ブスの場合は「薄い」などという次元を越えて、眉毛が毛根からないなど、「足りない」ではなく「無」であり、味がなさすぎて、入れてないものの味が出てきてしまっているブスのことだ。

もしくは、こねすぎて手汗で塩味になってしまっているブスだ。

このように、どんな味でも「とどまることを知らない」のがブスさんである。

人は料理を作る時、甘かろうが辛かろうが、とりあえずちょうど良い味、少なくとも人が食えるものを作ろうと思うだろう。

ブスさんの顔はそんな、ひよった精神でできていない。

もこみちだって、さもオリーブオイルを過剰に使っているかのように見えるが、あれはイタリアンからすると適量らしい。

今まで、もこみちがスタッフの制止をふりきり、羽交い絞めにされながらも、料理をオリーブの海にしている回を見たことがあるだろうか?

ブスさんというのは、毎回、止めにかかるスタッフをちぎっては投げ、ちぎっては投げして、神がようやく生み出した気合いの入った一品なのである。

もちろんそれは、持って生まれた顔だけではない。

時々、上野動物園にいそうな、フレンズになりたくない方の「けもの」みたいな化粧をした女がいるだろう。あれもそうだ。

化粧なんて、やろうと思えばいくらでも盛れる。それを凡人は「このぐらいがちょうどいいだろう」と途中でやめてしまうのだ。もう「投げ出してしまった」と言っても過言ではない。

もちろん、ブスさんは止まらない。最後までやりきる。

また、固定観念にもとらわれない。アイラインだからといって「ライン(線)」にしなければいけないという道理はない。「面」の段階にまで踏み込んでいるブスさんはいくらでもいる。

このように、「常識にとらわれない」ことに関してはブスさんの右に出る者はいない。ビジュアルの非常識ぶりを見れば一目瞭然だ。

ブスさんは、常人が「これ以上は無理だ」とブレーキを踏むラインを、やすやすと超えるのである。つまり「ブサイクチキンレースの王者」なのだ。

結局、塩だろうが、しょうゆだろうが、口に入れられるうちは、ブスにさえ入らないような気がする。

ちなみに、しょうゆは1リットルぐらい飲むと致死量になるらしいので、しょうゆ顔のブスを名乗りたかったら、しょうゆ要素が最低1リットル含まれていないとダメだ。

どうしても合格したい場合、計量前にしょうゆを1リットル飲む（この程度で死ぬブスさんではない）か、新弟子検査みたいに、頭にしょうゆを注入して挑むしかない。

それくらいシビアなのだ。

つまり、「食べ物」のうちはブスではない。「毒物」になってからがスタートである。

そう書くと、担当は「ヒ素ブス」とか「トリカブトブス」とか送ってくるに決まっている。その前に、静脈に1リットルぐらいオリーブオイルを注入してやりたいと思う。

ブスが冷遇されているのは、美人よりブスの数が多いからではないか

今回のテーマは「☆5のブス」である。

これは、胸に北斗七星の傷を作ろうとしたが、5個でシンに飽きられたブスのことではない。「☆5」とは、ソシャゲ（＝ソーシャルゲーム）でいうところの「高レアリティ」のことである。

まず、ソシャゲのことなど1ミリも知らないという、自らの幸運を神に感謝すべき奴に説明すると、多くのソシャゲには「ガチャ」というシステムがある。このガチャを回すと、ゲームによって異なるが、キャラとか武器などが出てくる。何が出てくるかは完全な運であり、レアリティが高いものほど出にくい。それを出すためには、たくさん課金して、たくさんガチャを回すしかない。

ヤッター
レアゲット

たまに「ソシャゲに何百万使った」などの、訳のわからないニュースを耳にするかと思うが、それはこういう仕組みのためである。

つまり「☆5のブス」というのは、ブスガチャを回した時に、最も出にくく、レアリティの高いブスということである。

そんなソシャゲ、サービス開始と終了のお知らせが、ほぼ同時となるに決まっていると思われるかもしれない。確かに、ブスに対する需要は少ない。だが、ゼロということもないのだ。

ただ、商売というのは需要の多いところでやった方が儲かるため、美人が出てくるガチャの方が多いだけだ。よって数が少ないだけで、「ブスガチャを回したい」という人間は存在するはずなのだ。

そんな「ブスを集めたい」「ブスたちと大空を駆け巡りたい」という、5人くらい(うち3人は複アカの同一人物)のために、いかに金をドブに捨てたかでギネスを目指している石油王が『グランブスーファンタジー』を作ったとしたら、一体どんなブスが☆5になるのだろうか。

まず、こういうガチャを回す人間にとっては「ドブスが出てくるのが当たりで、美人が出てきたらハズレなのだろう」と考えるのは、間違いだ。

『グラブス』のガチャは、回したら百発百中ブスが出なくてはならない。その中で低レア、高レアに分かれるのである。

なぜなら、数多くある美少女系ソシャゲを見ればわかる通り、美少女ガチャというのは回せば全部美少女が出てくる。レア度が低いからといって、ブスやゴリラが出てくるというわけではない。

たまに、イケメンキャラが出てくると思って回したガチャから、麻婆豆腐が出てくるソシャゲもあるが、キャラ萌え重視のゲームは大体そうである。

つまり、他のキャラより美少女だからレア度が高い、というわけではない。むしろ「レア度が高い」こと自体が、その美少女の重要な価値なのである。いくら美少女でも、レア度が低ければ「ハズレ」と言われてしまう世界なのだ。

すなわち、ソシャゲでいう当たりは「なかなか出ず、持っている人が少ないもの」であり、ハズレは「よく出て誰でも持っているもの」なのである。

美人ごときに言えることは、すべてブス様にも当てはまる。つまり、『グラブス』でいう高レアとは「よりブスなブス」ではなく、文字通りレアな「なかなかいないブス」の方なのである。

要するに、「全体的に中学生みたいな服装の上、ジーパンのすそ上げの目測を誤って、グレーのソックスが見え隠れしているブス」というのは低レアで、「スリーサイズが峰不二子と同じブス」は高レアなのである。

もちろん、デブとか垢抜けないメガネとかのキャラはレア度が低い。そんな量産型ブスは、出てきたと同時に高レアブス様の餌だ。

このように「珍しい、貴重である」というのが、ソシャゲの中では偉いのだ。しかし、これはソシャゲだけでなく、現実社会でも言えるのではないだろうか。

現在、ブスが冷遇されているのは、美人よりもブスの数が多いからではないだろうか、と。

どんなに見た目が生理的に受けつけない生き物でも、絶滅しそうとなれば、手厚く保護されるし、時には、法を犯すというリスクを負ってまで高値で取り引きされたりしているのだ。

つまり、ブスが貴重になれば、アタッシュケースいっぱいの札束を見た密売人が、「確かに」と微笑んだ瞬間、奥から檻に入れられたブスが出てくる世界になるというわけである。

美人がゴンズイ玉のように増え、ブスが絶滅寸前になれば、ブスは厚遇され、さらに世界は美人だらけになるという、誰も損しない状態になる。世界平和だ。

しかし問題は、どう美人を増やし、ブスを減らすかだ。ブスが美人になればいいのだろうが、現代技術ではまだ難しい。

よって、ブス同士が争って数を減らすしかない。軍鶏にできることが、ブス様にできないはずはないのだ。

平和のためには、まず争わなければいけない。悲しいが、それが自然であり、サバンナの掟なのだ。

「マインドフルネスブス」。要するに、自分のブスを五感で感じろ

今回のテーマは「マインドフルネスブス」だ。

まず、語呂が良くなってしまっている時点で腹が立つ。

毎年、人心を惑わせ、とりあえずリボで何かを買わせせようとする新美容法が爆誕するものだが、今年はこの「マインドフルネス」がアツいらしい。

すでに「ブス」をつけないと、逆にしっくりこなくなってしまっている。もう「マインドフルネスブス」の方が先、と言ってしまってもいいんじゃないだろうか。

しかし、とりあえずブスは置いておこう（漬物の上とかに）。心配しなくても、あとからしこたま出てくる。「マインドフルネス」とは、どんなしゃらくさい美容法か調べてみることにした。

全神経を
ブス
ブスに集中

《「マインドフルネス」＝今、自分に起こっていることを、判断や批判なくそのまましっかり認識すること。五感を〝今その瞬間〟に集中させること。》

完全に斜に構えてしまっていたが、これは意外とブスと相性が良いのではないだろうか。

ブスと相性が良い時点で、他全部とは相性が悪いということになるが、パートナーというのは大勢いれば良いというわけではない。

つまり、美容法というより、心の健康法に近く、道具も特に必要なさそうだが、やはり「マインドフルネス美容法にピッタリな化粧品はコレ！」などと、当然、金を引っ張る気で展開されている。

企業にとっては、金を使わなくてもできるブームなどいらないのだ。それを考えると、飲尿健康法など相当苦々しいブームだったのではないだろうか。もちろん「これを入れるだけで、いつもの尿がカフェの味に♪」みたいな商品はあったかもしれないが。

しかし、そういった商法は置いといて、マインドフルネスの理念はブスにとっていいもののような気がする。

要するに、自分のブスを五感で感じろというわけだ。

そんなの、鏡どころか、スマホが暗転するたびに認識していると言われるかもしれないが、我々は「ブスだな」と認識したあと、「だからダメなんだ」とか「昨日の終値より0・7ブス上昇している」など、そのブスに対し、批判や判断をしてしまっていると思う。

マインドフルネスとはそういうことはせず、ただあるがままを受け入れることらしい。

まとめると「マインドフルネスブス」というのは、己のブスを認識しながら、そこから一切ストーリーを考えないブスということになる。

まず瞑想の姿勢をとり、五感をフルに発揮し、今の自分の状態、すなわちブスに集中する。

五感というのは、視覚、触覚、嗅覚、聴覚、味覚のことだ。つまり見た目だけでなく、一撫でで指紋が全部なくなりそうな肌の質感、「逆にムシューダのニオイがする」という矛盾をはらんだ体臭。

聴覚は、長すぎる耳毛が風にそよぐため常に雑音。ただ味覚に関しては、今までブスを舐めた人間が全員死んでいるため、ブス味はまだ文献に残っていないのだが、死んだ人にしかわからないという点でいえば、「天国と同じ味がする」といっていいだろう。

ともかく、全方位から全神経を集中し、己のブスと向き合い、ブスを認識する。そこまでは、たぶんできるだろう。しかし、そこに何の感情も抱かずブスの冒険を終わらせるというのはなかなか難しいことなのではないだろうか。

どうしても我々は、「ブスである」のあとに「だから不幸だった」とか「だけど明るく幸せに過ごした」とか、はたまたブスを激怒させて邪智暴虐の王を除かせようとしたりしてしまうのだ。

それを「ブスである。完」「ブスである。～fin～」「ブスだ。ブス先生の次回作にご期待ください」とすれば、少なくとも、ブスが原因で自分は不幸だ、などと思わずに済むのではないだろうか。

「マインドフルネス」は胡散臭いスピリチュアルかと思ったら、奥が深い。

おそらく、そんなことはまったく言ってないと思うが、瞑想の結果、そういう結論が出たなら仕方ない。ありのままを受け入れるのがマインドフルネスだ。

つまり、ブスをブスだけで終わらせ、溢れそうなブスをブスの堤防で防ぎ、巨大なブスをウォールブスで囲って防ぐのだ。そうすることによって「ブスであること」が、ブスと関係ない部分まで蝕むのを防ぐことができる。

そして毎度のことだが、今現在、いつも以上に「ブス」と書きすぎたせいで、ブスが何なのかわからなくなった。

おそらく、マインドフルネスで思う存分ブスに向き合ってみても、同じ現象が起こるだろう。目を開けた瞬間「自分はブスだが、ブスが何なのかわからないので気にする必要もない」という状態になっているはずだ。

「マインドフルネスブス」。やはり2017年、注目の美容法だ。

合コンに来ているブスは、土器を使いこなすくらいには進化しているブスだ

今回のテーマは、ブス進化論。「ブスの誕生から進化。ブスがブスになるまで」だ。まず「ブスがブスになるまで」で、最初から最後までブスであることをバラすという、ロマンの欠片もない仕様だ。

しかし、これを読んでいる皆さんは、このブスが46億年の時を経てどんなブスになるか、興味津々という方がほとんどだろう。それ以外は、すでに本書を閉じるか、さらに開いてふたつに裂いているかだ。わかる、時間は大切だ。

だが、このブス進化論の誠実なところは、地球が始まってから終わるまで「ブスはブスだ」と言っている点である。おそらく、地球が終わってもブスは生きると思うが、「人は生き方次第でブスにも美人にもなる」などという、センスがない母ちゃんの弁

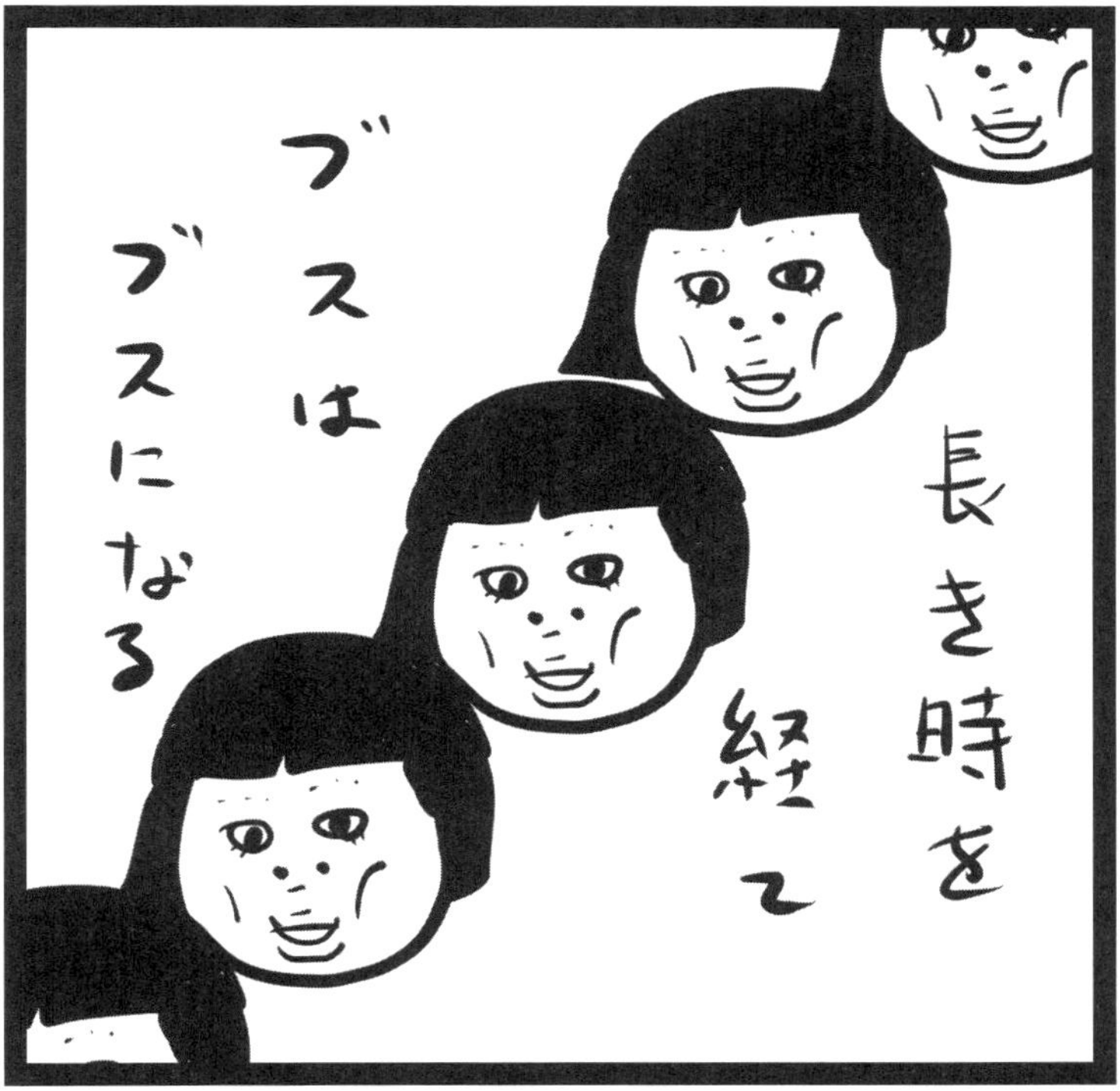
長き時を経て
ブスはブスになる

当に入ってる豆みたいな、ヌル甘いことは言っていない。

ブスはブス。「どうあがいても絶望」という、ゲーム『SIREN』のキャッチコピーは、ブスの顔を見て思いついた。という、今思いついた事実無根の噂がある通り、根本は変わらない。

しかし、そのような考えは世の中では支持されない。

もちろん、努力の大切さをないがしろにするのは良くないというのはわかる。だが、それ以上に物が売れなくなるという問題がある。

商業には「ブスを治す」というジャンルが確かに存在し、しかもかなり太い。ブスは断じて、なんとかできるものでなくてはいけないのだ。

よって、前述のような説を唱える者は異端審問にかけられ、ガリレオであるかのように「それでもお前はブスである」と、ただの悪口を言って去るしかない。

だが、ブスなのが変わらないといっても、まったく同じブスのままというわけではない。確かに、顔がカブトガニの形態模写をしているとしか思えぬブスもいるが、ブスはブスのまま進化していく。不潔なブスよりは清潔感のあるブスの方が良いし、中にはブス界一の美女として、中途半端な美人より地位を得ている者だっている。

一方で、ちっちゃなころからカブトガニ、15でやっぱりカブトガニ、力任せに殴った方の手が痛いギザギザ前歯のブスもいる。

つまり、火にビビるブスとビビらないブス、さらには火を使いこなしているブスもいるということだ。

では、どこがその分岐点になるのだろうか。

ちなみに、どっちに行ってもブスだ。世の中には「ブスしか選べない合コンに参加させられた」と憤る人もいるが、そこにいるブスだって、ブスしか選べぬ道をくぐり抜け、合コンに呼ばれるというところにまできたブスなのだから、敬意を払うべきだ。

世の中には、進化の過程で合コンに呼ばれるどころか、共学なのに先生以外の男としゃべることなく卒業するブスや、お父さんとの会話すらキッくなってくるブスなどいくらでもいるのだ。

合コンに来ているブスは、土器を使いこなすくらいには進化しているブスである。

その分岐は色々あると思うが、やはり「気づき」が重要なのではないだろうか。つまり、「自分がブスだ」と気づく「アハ！」体験である。

どの段階で気づくか、自分で気づくのか他人によって気づかされるのか。それを認めるのか、認めないのか。それに対しどう動くか、動かないのか。これで、ブスは色んなブスに進化していくのだと思う。もちろん、一生気づかないブスもいるだろう。まず、ブスに気づいた方がいいのか、悪いのかという問題がある。

断然気づかない方がいい気がするが、果たして、自分が人間ではなくゴリラだと思い込み、日がなバナナやリンゴを食い、タイヤと戯れ、たまに人に向かってウンコを投げつける。そんな人生が幸せだろうか。

メチャクチャ幸せそうだが、それはゴリラの場合なので、やはりブスは気づいた方がいい気がする。

なぜなら、そこで終わりではないからだ。ブスに気づき、ブスを何とかしようと思えば「ブスを治す業界」に多大な経済的貢献をする「エコノミックブス」になれるし、気づいたのが高校や大学入学前なら、そのまま「デビューブス」になり、日本に春の到来を告げる桜や鶯と同じ雅な存在になれる。

もちろん、気づいた時点ですべてを諦めてしまう、カブトガニブスもいるが、そういうブスもそのまま46億年くらい生きれば貴重な資料になれるので、健康に気をつけて頑張ってほしい。

しかし、世の中には、ブスではないのに自分のブスに気づいてしまう者がいる。世間にはやたら、自分のことをブスだ、デブだという女がいる。「そんなことないよ」を、『ストII』のガイルと同じポーズと顔で待っているブスも多くいるが、本当にそう思っている女もいるのだ。

たとえ美人でも、自分をブスだと思い込み、自己評価の低い者はそこにつけこまれて不幸になりがちだ。

顔だけではなく、才能だったり身体能力だったり、自分が他人より劣っていると気づいてしまうことは多々ある。でも、そこで悲観しすぎるのも良くない。今一度、鏡を見て「騒ぐほどのブスか？」と見つめ直すことも大切なのではないか。

騒ぐほどだったとしても、タイヤに飛び乗り、ウンコを投げつけ、ひとしきり騒いだあと、クソして寝ればいいのだ。

21世紀のブスとして、恵まれた資源（＝ブス）を計画的に運用するべきだ

担当のネタリストに書かれた「ブス戦隊＝ブスレッド、ブスブルー、ブスグリーン、ブスピンク、ブスイエロー」という文字を見て、「このままではいかん」と強く思った。

思うのが遅すぎた気もするが、とにかく思ったのだ。まず、ＢＡＮＤＡＩが潰れる。発想が５歳児以下なのに、５歳児が喜ばないという最悪の状況だ。

顔面偏差値がＺラン大学級だからといって、リアルＩＱまで下げる必要はない。どうせなら「賢いブス」という世界中の男どもが手を焼いている厄介な生き物になりたい。

もっと、そういう知性的なテーマはないのか。私は担当のリストを今一度、読み返

長いスパンで
ブスをこなす

した。

途中、「肉巻きおにぎりブス」という言葉が出てきて私の心を折りかけたが、それらしいテーマを見つけることができた。


【ビジネス用語ブス】

- ・イノベーションブス（技術革新ブス）
- ・グランドデザインブス（長期間にわたる壮大な計画のブス）
- ・コスパブス（費用対効果ブス）
- ・コミットメントブス（ライザップ？）
- ・シェアブス（共有ブス）
- ・ブレストブス（集団発想法的ブス）

「これや」と、乾く前に触ってしまい、指紋がプリントされてしまった個人情報丸出しのマニキュアが塗られた指で、机をトンと叩いた。

こういうのにワクワクしてしまう時点で、すべてが最高に低いし、「ライザップ?」の「?」が、ガンガンに人のＩＱを吸い取っていくが、「ブスをワクつかせると経済が回る」という言葉がある通り、そのブスが近親者だという場合を除き、ブスのテンションを上げて悪いことはないのだ。

だが実際、ブスの夜明けを感じた坂本龍馬的気分（背中に毛が生えているという意味で）である。

旬のビジネスワードとブスを組み合わせたことによって「今まで我々がいかに計画性なくブスだったか」ということがわかったからだ。いくら資源が豊富だからといって、ブスを無駄遣いしすぎていた。

さらに、先のことをまったく見据えていない「今日ブスならそれでいい」という刹那的生き方すぎた。心配しなくても、次の日も変わらずブスだったというせいもあるが、朝起きたら突然、美人だったという目の錯覚が起こらないとも限らない。その時、後悔しても遅いのだ。

ブスでいうから、わかりづらいかもしれないが、容姿に恵まれている者はすでに「コスパ」や「グランドデザイン」を求められているのだ。

世の中には「残念な美人」「イケメンの無駄遣い」という言葉がある。生まれながらに顔が良いという資源に恵まれながら、まったくそれを生かさないどころか、殺している人間のことであり、石油王が野菜を洗ったり、便所を流すのに石油を使っているようなものだ。

イケメンなのにずっとタオルケットを口に入れているとか、美人なのに今まで風呂に入った形跡がない、とかいう奴がそれだ。

もちろん、どう生きようが本人の勝手だが、周りからは「もったいない」「コスパが悪い」と思われているし、資源を生かすことでより良い人生があった、と思えば本人にとっても大きな損失である。

また、その資源を長期的に運用していく、グランドデザインも必要だ。それらの資源を枯渇させると、すぐに「劣化警察」から「悲報・劣化!」と、UNOで「ウノ」と言い忘れた奴を指摘するかのごとき大喜びのドヤ顔で言われてしまう。できるだけ資源を長持ちさせ、また年齢に応じた運用が求められるのだ。

何も考えていない美人もいるだろうが、少なくとも芸能人など容姿で売っている人間は前述のことを考えながら商売しているだろう。

美人ごときにできることが、ブスにできないはずがない。こちらも21世紀のブスとして恵まれた資源（＝ブス）を、計画的に運用していくべきだろう。

まず、コスパ面だが、ブスという資源は何の加工もなく使えるという点が強い。鉄鉱石だって鉄に加工されなければ、ただの石だ。担当を殴るぐらいにしか使えない。その点、ブスは鉱山から掘り起こされた瞬間から「ブス」として使えるのである。

美人も何もしなくても美人だと思われるかもしれないが、それは童貞の幻想だ。人間である以上、何もしなければ色んなところから毛が生えるし、謎のシミもできる。「本当に素材のままの美人」というのは「残念な美人」と同意義であり、「ナチュラル美人」というのは「膨大な投資の末にナチュラルに見せることに成功した美人」のことである。美人にはそれを生かす加工費が、大なり小なり必要なのだ。

では、グランドデザインブスはどうだろう。せっかく神に与えられたギフト（ブス）だ、枯渇させることなく長持ちさせていかなければならない。

しかし、ここで気づいてしまったのだが、ブスというのは、枯渇も劣化もしないのだ。むしろ何もしない方が長持ちするくらいだ。

それに比べて、美人は鯖くらい腐りやすい。長持ちさせるには相当の管理費がいる。ブスは、それがゼロなのだ。ブスもコスパやグランドデザインを考えなければいけない、と言ったが前言撤回だ。

ブスは存在自体が「コスパ最強」であり、21世紀のビジネスモデルそのものなのである。逆に、ブスが己のブスに対し「費用対効果が……」「長期的運用を……」などと言い出すのは「ケチケチしている」としか言いようがない。金持ちがそういうことを考え出して、金を使わなくなったら経済はますます回らなくなる。

ブスはもっと遠慮なく、何も考えずブスを使って良いのだ。それが「持っている者」の使命である。

やはり、やるべきだろう「ブスラップ」を（カレー沢、ラップやるってよ）

ブスを数える時は「1個、2個」などではなく「キログラム」、場合によっては「トン」が用いられる。

このように種類が多すぎて量り売りしかできないブスだが、あえて2種類に分ける（ショベルとかで）としたら、「ラッパーを志すブス」と「志さないブス」だ。

私は当然、「志したブス」だ。

別にこれが、ブス界の鉄板ギャグというわけではない。マジで言っている。なぜなら、ラップはカッコイイからだ。いや、「COOL」と言うべきだろうか。

平素は、火薬の量が多ければ多いほど、位が高いというような洋物アクション映画しか観ない私だが、エミネムさん主演の『8Mile』は観た。

本作は、主にエミネムさんの不遇の時代が描かれている。母親、妹とトレーラー暮らし、母親は働かない上、こともあろうに、自分の高校時代の上級生にたらし込まれてしまっているのだ。

想像してみてほしい。母ちゃんが、自分の高校時代のパイセンとヤッてる上に、そのプレイ内容を自分に相談してくる状況を。

「一刻も早くここから抜け出さねば」という気分になるだろう。その鬱屈、怒りこそがHIP‐HOPの原動力だ。つまりブスと相性が良い。

逆にいうと、恵まれている者には似合わない。美人がラップで己の不満をぶちまけても、そんな愚痴を真面目に聞くのは、そいつとヤりたい男だけだ。

元々、貧困層が金をかけずに楽しむために生まれた文化といわれているHIP‐HOPだが、その内容はインテリジェンスに溢れている。

まず、歌詞に己の主張や不満、バトル相手に対するディスなどのメッセージを込めなくてはいけない。ここでセンスのいい言葉を選ばないと、「お前の母ちゃん、デボラ・ローガン」みたいな子どもの悪口になってしまう。

また、言いたいことを作文するだけではダメだ。「韻を踏む」というルールがある。

本当になりたかった
のよ

大体この時点で、素人は韻を踏むことにこだわりすぎて「花粉症を治しまSHOW」など、突然普通のことを言い出してしまうのだ。とてつもない、センス、語彙力、頭の回転の速さが求められる。ついでに、それをちゃんとデカイ声でリズムに合わせて、歌えなければならない。10日間、部屋に住んでいる小バエさんとしか会話してない人間が突然できるものではない。

これらの理由から、ラッパーへの道を断念した私だが、技術がないことを理由に、くすぶる思いを言葉にしないというのは、エミネムが一生トレーラーハウスで、母親のセックス話に適当な相槌を打ち続けるようなものだ。

ラップの最大の難関、ライム（韻）だが、やはり「ブスラップ」というからには「ブス」で踏んでいくべきだろう。踏まれる側だったブスが、踏むのだ。痛快である。かといって、語尾に「ブス」をつければいいというわけではない。そんなの、デブキャラが「ハンバーグ美味いデブ」としゃべっているようなもので、ひねりも何もない。

また、歌詞内ではあまり女っぽさは出さない方がいいだろう。よって、一人称は

「私」より「俺」などが好ましい。

余談だが、ごくたまにリアル世界で、一人称「俺」のブスがいる。

本人は「俺、もう男だから」みたいなことを言っているのだが、聞く方からすると「男なら貴様の存在が許されると思っているのか?」という話であり、一人称「俺」が似合う女というのは、80歳以下ではありえない。

つまり、ブスの一人称「俺」は非常に破壊力が大きいので、積極的に使っていくべきだろう。しかし、逆に凡庸とも言える。

よって、リリックを考える前に「第一回　破滅的ブスの一人称選手権」を開催した。

その結果、「拙者」「それがし」「やつがれ」「わらわ」などの強豪を下し、「小生」がグランプリに輝いた。この、周りと違う自分をアピールしながら、微妙にへりくだってる感じが審査員を苛立たせたのが勝因である。

これだけ決まれば完成したも同然だ。あとは魂の赴くままにライムを刻んでいこう。

聞けよバイブス　まさにデラックス（マツコ！）
すり減るパンプス　右だけやたら
骨盤のゆがみ　マジデンジャラス
投げ出すカーブス（ダイエット！）
この体積　顔面面積　コロンブス　ビビる　新大陸
鳴らぬベル　高まる　レベル　ツムツム

二週間ぶりライン　これワンチャン？
映し出されるビジョン　やっぱりかい母ちゃん
母ちゃん生きがい　もうワンちゃん
娘への期待とっくにCHAN-CHAN
マミー　Say「生きてる？」　小生　Say「死んではない」
生存確認　Only　会話　明るい話題　マジないわ
買い込むサプリ　回す経済　小生支える　日本社会

小生　Say　Say「明日から」
小生　Say　Say「ラストとんかつ」
小生　Say　Say　セイヤセイヤセイヤセイヤソイヤー

「お前、途中で飽きただろう」と思ったかもしれないが、その通りだ。この飽きっぽさこそが、ブスにとって必要不可欠なのである。どんな美容法でも、信じてやり続ければ効果が出てしまうかもしれない。そうなると、ブスではなくなってしまう恐れがある。

つまり、ラップを飽きずに最後まで完成できる者は、もはやブスとは言えない。

やはりＨＩＰ‐ＨＯＰは、ブスのものではなかったようだ。

努力しているブスを笑うブスほどブスなものはない

顔にラードを塗る美容法が生まれたらしい。

「ついに、ここまできたか」と感慨深い気持ちでいっぱいだ。みんな知っていると思うが、女というのは美しくなるためなら何でもすることで有名な生き物である。若さを保つために、処女の生き血をジャブジャブ浴びまくった女だっていた。そういった偉大な先人のおかげで、我々は、カタツムリや毒蛇を顔に塗るぐらい屁でもないのである。

それだけではなく、時には眼球すれすれにアートメイクという名の入れ墨をしたり、顔面自体を切ったり縫ったりと、美のためには、グロいとか、痛いとかは言っていられない。そうしなければ、自分の顔が一生、グロ痛いカテゴリになってしまう。

そこまでして!?

よって、もう我々は、どんな美容法が現れてもあまりビックリしなくなったし、それを目の当たりにする男たちのリアクションも薄くなった。

嫁が、これから起こる陰惨な事件を予感させる、スケキヨマスクで登場しても、もうそれがそういうパックなのだとわかっているので何も言わない。むしろ、女の美容に口を出した方が事件（翌日、自分が湖に垂直に突き刺さった姿で発見されるなど）が起きるのである。

しかし、ラードというのは話が別な気がする。

何せラードといったら、デブが主食にしてそうな食べ物ランキング10年連続第1位、「試合がつまらなくなるから、ラードさんには出場を控えてもらいたい」と大会側に言われているにも関わらず、それでも1位のラードだ。

もちろん、そんな大会はないが、やったとしたら、たぶん1位だと思う。むしろ、ラードが1位とわかっているから大会が行われないのかもしれない。

少なくとも、デブとはズッ友。ブスにとっても、寂しい時にLINEしてしまう元カレ的存在。ともかく美容とは、対極にありそうなのがラードだ。

ラードというのは何なのか。豚の背脂などの脂身からできる脂である。

「豚」「背脂」なんでもかんでもパワーワードと言ってしまうのも思考停止な気がするが、こっちの思考が停止する程のパワーしかないので仕方がない。

まず、「豚」も「背脂」も、両方そのまま悪口に使えるのがすごい。

親睦を深めるために、ニックネームを決めようという席で、あなたに与えられた選択肢が「豚」と「背脂」だったらすぐ退室しよう。「ポジティブな意味で豚」とか「逆に背脂」とか言われても、聞く耳を持ってはいけない。

そもそも、なぜラードを顔に塗ろうと思ったのか。美容のみならず、発見には偶然がつきものだ。ラードを飲むだけでは飽き足らなくなったどこかの百貫デブが、顔に塗り始めたら肌の調子が良くなった、というなら、もはや偶然というより必然の流れのような気もする。しかし、ラード美容法はそんな単純なものではなかった。

まず、ことの発端は、今、欧米で人気の「パレオダイエット」だ。

パレオダイエットが何かというと、旧石器時代の食生活を真似たダイエット法だそうだ。さっき、どんな美容法がきても驚かないと言ったな、アレは嘘だ。私は進化がないことのたとえによく「石器時代」を使うが、最近は進化している奴の方が石器時代にいっちゃっているらしい。

おかげで、次に「今は北京原人ダイエットですよ」と言われても驚かずに済みそうである。

このパレオダイエットは、旧石器時代の食生活、つまり肉多めの食生活をすることだそうだ。それで痩せるだけでなく、肌の調子も良くなったことから「じゃあ顔に直接塗ってみようぜ」となったのが、ラード美容法の始まりだとか。

結局、百貫デブと同じ発想のような気がするが、ともかく1ヶ月ラードを顔に塗ってみたところ実際に肌の調子が良くなったという。

ラードは臭いイメージがあるかもしれないが、においはほとんどなく、さらに安価、それで綺麗になれるなら安いもの、というわけだ。名前のインパクトは強いが、悪い話ではないのかもしれない。しかし、このラード美容法を試した人によると、「夫は最初、私が顔にラードを塗ることを良く思っていなかった」そうだ。

それ以前に、何で言ってしまったのだろう。

ラードは無色だし、においもないなら、言わなければわからなかったはずだ。

何としてでも美を手に入れるという、心意気や良しであり、努力しているブスを笑うブスほどブスなものはないが、美しくなろうと努力している姿は、ブスな場合が多いのも事実であり、あまり人には見せない方が良いだろう。

「美の秘訣は？」と問われて「豚の背脂と処女の生き血です。ちなみに豚の生き血と処女の背脂はダメでした」と素直に答えるよりは「特にありません」と、ほほ笑んでいるくらいが良いのだろう。

よく何の臆面もなく、飯の場で「今、ダイエット中だから」と言う女もいるが、あれもできれば言わない方が良いのだろう。

もちろん逆もしかりで、「ブスの秘訣は？」と聞かれても「三食、ラードにご飯をのせて食べてます」などと素直に答えず、「別に」と、エリカ様をブスにしたみたいな顔で答えるのが美しいブスの姿といえよう。

縄文人から見てもブスなら「時代に左右されないブス」と誇っていい

アンテナの立っているブスでありたい。

山奥でも、このブスの近くなら携帯が繋がるとか、避雷針代わりになるブス、という意味ではない。

〝情強〟でありたい、ということである。

今の世の中、知識がない情弱は恰好の食い物だ。ブスの上に、被捕食者にはなりたくない。どうせなら、サバンナでインパラを四つん這いで追いかけているブスになりたいし、その姿はジオグラフィック写真賞を取れるだろう。

捕食者として、まず押さえておきたいのが２０１７年の食品のトレンドだ。

食品といっても、今年はこのスイーツがくる、とかではない。確かに、パンケーキ

ハーブにくわしいブス
イヤ
わるくないけど

というより「パンケーキを食ってるブス」が爆発的に流行ったこともあったが、そういう浮わついたものではなく、世界規模での食の傾向のことである。

グローバル市場調査会社の調べによると、2017年の食のトレンドは「伝統の復活」だそうだ。伝統といっても、孫に絶不評のおばあちゃんのニシンパイなど、生半可な昔の食文化の復活とかではなく、「古代」までいくそうだ。

前回、旧石器時代の食文化を取り入れるダイエットが流行っているという話をしたが、マジで古代食の波がきているようである。これはブスにとって良い波だ。縄文時代や石器時代が似合うのはどう考えても美人よりブスだし、美的感覚も時代によって変化するので、縄文人から見ると、今のブスの方が美人かもしれない。

縄文人から見てもブスだったとしたら、「時代に左右されないブス」として誇っていいし、少なくとも中生代・三畳紀まで戻れば「カワイイ」と思われるだろう。恐竜から見れば、どんなブスでも小柄でカワイイはずである。

つまり、これからは石を遠くに投げたり、マンモスを素手で倒せる女の方がモテるというわけだ。これはブスにワンチャンである。

また、この2017年の食の傾向には、気になる言葉がある。

「ナイトシフト」。簡単にいうと、よく眠れたり、寝ている間に体調が良くなる食品が流行るということだ。

ブスの時代がきていると確信した。「寝ている間に何とかしてほしい」。完全にブスの発想である。ブスはサプリが大好きだ。むしろ、ブスの主食はサプリであり、サプリのおかずとして、焼肉やラーメン二郎を食っているといっても過言ではない。ダイエットサプリの飲みすぎで太っているブスもいるくらいだ。

特に、寝る前に飲むやつが大好きである。そういうサプリには、大体「寝る前にこれを飲むだけで美肌になれる」とか「さっき食った『大ブタダブルヤサイマシマシニンニクアブラブラブラ』をなかったことにしてくれる」など書いてある。

今しがた、呪文みたいな二郎を食ったというのに、さらにそれを帳消しにしてくれる魔法を求めているのだ。

しかし、「ナイトシフト」は寝る前にそういうサプリを大量に飲んで3キロ太れという話ではない。飲み物は紅茶、カモミール、ラベンダーなどのハーブ類や、安眠や体調改善を促すものが流行るというわけである。

有益な情報だが、やはり知識だけあってもダメだ。頭でっかちなブスというのは、ただの顔のデカいブスであり、ガッキーの顔がいかに小さいかの比較に使われるか、「ブスの顔100個分」など東京ドーム感覚にされるだけだ。よって、情強の2017年ナイトシフトブスとして、正しい振る舞いをしなければならない。

ただ、カフェでお茶をするにも、みんなが「ドトールで良くね？」と大体決まりかけたところで「オーガニックハーブティーを飲めるところがいい」と主張するのだ。

情強として、情弱どもを導く使命がナイトシフトブスにはある。注文をするにも、焦って「カモミールティーニンニクアブラブラブラ」などとコールしてはいけない。

まず、他の女の注文を待ち、コーヒーなどを注文しようものなら、瞬時に鼻で笑う。先導者として、間違っている者には、その間違いをわからせてやらなければならない。それも最初から「ナイトシフトが……」などと語り始めてはいけない。第一声は「知らないの？」だ。

人は痛みがなければ、学ばない。屈辱を与えられたからこそ、立ち上がろうとするのだ。

そこで「え？　何が？」と聞き返されたらシカトだ。まずは、注文の品が来るまで待つ。来た時も、いつも通り、備え付けのGABANをしこたま振りかけてはいけない。

やはり、素材の持ち味を生かしたブスとして、何も入れないのが好ましい。その時も「やっぱりノンシュガーだよね」と言うのを忘れてはいけない。「何も入れない」のではない。「ノンシュガー」なのだ。

そして、全員の品が届き、何か新しい話題が始まったところで、それをさえぎり「ところで、ナイトシフトって知ってる?」と切り出す。

ここで「知っている」と言われたら、この話は終わりだ。ずっとふて腐れていよう。「知らない」と言われたら、もう一回「知らないの?」だ。初回よりも「の」を伸ばすように心がけよう。

そうやって、ブスの口から語られた「ナイトシフト」の話をその場にいた者は忘れることはないだろう。激しい怒り、苛立ちと共に脳に刻み込まれるはずだ。

毎年、新しい流行が広まる。しかし、記憶に残るものなんてほとんどない。そんな健忘症な現代日本人の脳髄に喝を入れてやるのも、アンテナが立っているブスの役目だろう。

「美人になってください」「じゃあ、石器からだな」なのである

今、旧石器時代がキている。

前々回の「ラードブス」では、「パレオダイエット」なる旧石器時代の食生活を真似た美容法があると判明したし、2017年の食のトレンドも旧石器時代らしい。むやみに流行りにのるのは良くない。しかし、流行りを全否定して「アタシはアタシのセンスを信じる」と言い切った女が、キャンパスでひときわ異彩を放つ個性派ブスになっている、という事実は否定できない。

良い流行、自分に合った流行なら取り入れる。つまり、柔軟なのは顎肉だけではないし、広いのは顔面だけではない。という懐の深さを見せるのが、21世紀のブスのたしなみであろう。

デキる女は石器から
2017年

というわけで、21世紀を生きるブスとして、早速「旧石器ブス」を目指していきたい。

まず、旧石器時代とは何か。ブスをテーマにしているのに、まさか旧石器時代について調べる日がくるとは思わなかった。ブスのおかげで私の知識数は、うなぎのぼりである。美しくなる知識が一個も入ってこないのが不思議なくらいだ。

旧石器時代とは、その名の通り、人間が石器を使って生活をしていた時代だ。もちろん、旧石器美容法に石器は関係ない。真似るのは、あくまで主に食生活だ。しかし、その食生活とは、動物の肉、ナッツ類、キノコ類など、狩猟や採集で取れるもの。耕作が始まる前なので、穀物類はあまり食べない。

そして、それらを得るのに何が必要か。言うまでもない。「石器」である。もちろん、今は石器がなくとも、肉やキノコが手に入る便利な世の中だ。

しかし、思い返してみてほしい。今まであまたの美容法を途中で投げ出してきたのはなぜなのか。それは楽をしようとしたからである。「飲むだけで痩せる」みたいな安易なものは、安易に投げ出せるのである。

そろそろ、美を手に入れるには苦労が必要なのだと認めるべきだろう。よって、美のためには石器を作るという苦労が必要なのだ。

それに、TOKIOを見ろ。TOKIOに「美味いラーメンを作ってください」と言ったら、「じゃあ、小麦粉からだな」となる。そんなTOKIOの姿は輝いて見えるだろう。同じような輝き（テカり的な意味ではなく）を放つブスとして、「美人になってください」「じゃあ、石器からだな」なのである。

というわけで、まず石器作りからなのだが、正直、いい感じの石を拾ってちょっと磨けば石器になるのだろうと思ったが、違った。石を砕くことから始まるし、その方法も「直接打法」「間接打法」「押圧剥離」など様々ある。

まず、石器を作るという行為自体が、かなりの運動になりそうだ。それに技術も身につく。「手に職」というのは、現代社会において、ある意味、美貌よりも女にとって必要なものである。

それに、ハンドメイドができるというのは強い。手作りの品というのは、クオリティが高ければ売れるのである。メルカリで、現金や領収書が売れてしまっていた世の中だ、手作りの石器が売れないわけがない。石器を作れるという技術のおかげで、副収入を得て、それを美容に使うということも可能だ。

そして、できあがった石器をどうするかというと、旧石器時代の人間は主にハンドアックスにして使っていたようだ。

簡単に言うと「握斧」なのだが、「ハンドアックス」と言った方が響きがいい。十分オシャレ小物として通用する。「マイハンドアックス」の時代到来だ。

それに、オシャレというのは本人に似合っていないと意味がない。逆に言うと、似合うオシャレをすれば、その効果は何億倍にもなる。

例えば、栗山千明が黒スーツに皮手袋、ほぼ露出度ゼロの出で立ちに、軍帽を被り、手に指揮棒を持っていたらどうか。ちなみに、その指揮棒を振ると、後ろに控えている小隊が、一斉にサブマシンガンでお前を蜂の巣にする。

たまらないだろう。

今すぐ、蜂の巣か、故郷の村を焼き払われたくなるはずだ。これが、童貞を殺すセーターのような、痴女の如き格好をしていたらどうか。まあ普通に最高だろうが、やはり千明様をより映えさせるのは軍帽なはずである。つまり、「千明様に軍帽」「ブスにハンドアックス」である。

ブスが、ガニ股でハンドアックスを構えている姿を想像してほしい。さらにそれが手作りだったらどうか。最&高としか言いようがない。

要するに、旧石器ブスはすでに旧石器美人と言って良いのである。ついに美人になることができた。ただ、この美人はおそらく21世紀に通用しないのが難点だ。

ちなみに、旧石器時代は性別による男女の差がほぼなく、男は狩猟、女は子育てや採集をしていたが、状況によって役割を分担しており、明確な分業はなかったようだ。

このように、ライフスタイルから見ても最先端なのだ。21世紀人として、今すぐ、良さげな石を拾いに外に出よう。

世界三大ブスはトップシークレットすぎて、後世に伝わらなかった説

今回のテーマは「ファビュラスブス」である。

「性病持ちの童貞」のごとく矛盾した言葉だと思った者は不勉強だし、残念ながら性病の童貞もいる。慈悲はない。

昨年の夏コミごろ、彗星のごとく現れ腐った「ファビュラス」という言葉だが、正確に意味を知っている者がどれだけいるだろうか。よくわからんが、叶姉妹みたいに「ゴージャス&エレガント、股間にバタフライのタトゥーを入れていたらファビュラスなのだろう」と思っているのなら、新しい言葉を覚えたてのフグ田タラオさん（3歳）と同レベルである。

「ファビュラス」というのは〝伝説上の、信じられないほどの、嘘のような、途方も

歴史に名を
きざめ
ブス
20××〜20××

ない、ものすごい、素晴らしい、素敵な〟という意味だそうだ。つまり「ファビュラスブス」というのは成立するし、むしろブスをより一層引き立てているといっても過言ではない。

「嘘のようなブス」。おそらく、本人が一番ウソであってほしいと思っているだろう。「伝説上のブス」。こっちはついにレジェンドである。

伝説上の美人と言われると、妖精や精霊など屁で吹っ飛んでいきそうな、か弱い生き物が連想されがちだが、伝説上のブスだと、ベヒモスなど屈強な生物が思い浮かぶ。やはり伝説は、美人なんかよりブス様の方が似合うのだ。

しかし、歴史上という話になると、なぜかブスより美人の方が残っている場合が多い。世界三大美女はいるが、世界三大ブスは、どれだけググっても明確なアンサーが出ない。これは、美人は後世に語り継ぎたいが、ブスの記憶は一刻も早く消し去りたい、ということではなく、昔から美人よりブスの情報の方が重要だったからである。

重要なことというのは、そうそう表には出さない。皆も、鼻歌にのせてマイナンバーを口ずさんだり、ふせんに書いてPCに貼ったりしないだろう。世界三大美人なるものが何千年もベラベラ言い伝えられ続けたのは、それだけ存在が軽く、便所に書かれているような、すぐヤラせる女の携帯番号ぐらいの機密度だからである。

逆に、世界三大ブスはトップシークレットすぎて、後世に伝わらなかったのだ。よって、歴史上のブスというのは、ブス単体というより「この歴史上の人物の妻はブスだった」というような形で登場する場合が多い。さらに「あえてブスを妻に選んだ」というエピソードも多く、最終的に見た目で妻を選ばなかった男、偉い、賢い、というところに着地している。

遺憾である。なぜ、ブス様が男を上げるのに使われなくてはいけないのか。そんなしゃらくさいエピソードを聞かされるよりは、「諸葛亮孔明はゴリゴリのブス専だった」という話の方が「ｋｗｓｋ」となる。ブスは性格が良い、というのも風評被害だが、ブスを選ぶ人間は人格者だという話も相当性質が悪い。これはブスにも失礼だが、ブスと結婚した人間にも失礼だ。

そもそも、「あえてブスと結婚した」という人間は、そうそういないはずである。いるとしたら「あえて」の内容は、両親と妹が人質に取られているなど、ともかく「命三つ分以下はありえない」はずだ。ちょっと賢く見られたいとか、人格者ぶりをアピールしたいなどという理由では、しないはずである。

よって、「あえてブスと結婚した」と言われている歴史上の人物も、本当にそう言ったかは疑わしい。むしろ周りの人間が「あんなブスと結婚するなんて、何か理由があるはずだ」と、理由をあとづけしたのではないだろうか。

何の理由もなくブスがいるように、何の理由もなくブスと結婚する男や、「好きだから」という一番真っ当な理由で結婚している男もいるはずだし、むしろ、深いワケがあって結婚している男より絶対多いだろう。

それに対し「ブスと結婚してて偉い」というのは、失礼であるし、逆にその一言で嫁がブスだと気づいてしまうかもしれない。だとしたら大罪である。

このように、歴史におけるブスのポジションは「何かのダシ」という、非常にブス様にふさわしくないものとなっている。確かに背脂的な意味では、良いダシになりそうに見えるかもしれないが、「ブスマシマシ」は二郎でも禁断のオーダーであり、素人が手を出していいものではない。

しかし、歴史というのは当然まだ続いているのだ。これから切り拓いていけばいい。ブスの後ろに、道ができる（幅2メートルぐらいの）と高村光太郎も言っている。

重要なのは、何かのダシとか、付属品ではなく「単体でテカりあげているブス」になることだろう。

これこそが、「ファビュラスブス＝途方もないブス」だ。

ただ、個人的には途方があってほしいというか、ブスのゴールを作ってくれという気もする。

つまり、ブスというのは容貌が悪いのではない。「難解」なのだ

担当からもらったネタリストに「アート系ブス」というのがあり、その下に「ピカソ系ブス」と書かれていた。ちなみに、その次は「ダリ系ブス」だ。

もはや、作家のチョイスからして悪意しか感じない。

しかし、よく考えたらブスというのは「アート」なのかもしれない。美人というのは、写実的な風景画みたいなもので、大体の人間が見て「美しい」と判断できる。

逆に、ピカソなどは今でこそ評価されているものの、その絵をまったくの初見で「素晴らしい」と言う人間はそんなにいないだろうし、人によっては「ふざけているのか」と怒りだすかもしれない。

ブスに対して「ふざけているのか」と言っても、本人は至って真面目にブスであり、

逆に美術館で
声かけられ待ちに
ソワ
なってしまう
おそれも

ピカソの絵もマジに描かれているし、アートなのだ。

つまり、ブスというのは容貌が悪いのではない。「難解」なのだ。理解するには、時間とセンスが必要なのである。よって、理解するのが簡単な美人よりもレベルが高いのである。

もちろん、わからない奴には一生わからないし、評価されるには時間がかかる。しかし、死後に評価された画家もいるのだから、今まったく評価されていないブスも、死後にワンチャンである。

なので今後、ブスが好きな男は「ブス専」などと言わず、「アートに関心がある」と言った方がいいだろう。

アートといえば、最近「ちょいワルジジイ」のための雑誌が話題になった。

実際に読んだわけではないので、いつも通りツイッターに流れてくる情報の集約だが、「美術館で鑑賞している女性に声をかけ、その作品や画家の蘊蓄《うんちく》を教えてやれば仲良くなれる。特に、美術館にいる女性はおじさん好きな知的なタイプが多いから、狙い目である」というようなことが書いてあったらしい。

それに対する世間の評価は「キモい」「普通にウザい」「『こういうジジイは嫌がら

れる』という見本になる」と散々なものであり、私もそう思ったし、おそらく世間の女性は大体そういう感想を抱いただろう。

しかし、これはあくまで客観的に見て、だ。

例えば、私が実際に美術館にいるとして……まぁ、まず美術館に私は行かないし、いるとしたら『刀剣乱舞』の同人誌即売会であり、私がお宝（へし切長谷部の薄い本）を吟味しているところに、ジジイが近づいてきて「へし切長谷部というのは元々、織田信長の……」と蘊蓄を垂れ始めたら「私はそういうのはどうでもいいオタクだ！」「現パロも転生も平気で見る！」「悪いが解釈違いだ！」と相手の首を介錯してやるぐらいはできるだろう。

だが、もし私が万が一、美術館にいるとしたら、アートとか全然興味ねぇし、わからないけど「休日を美術館で過ごした」と、SNSに投稿したい時である。

そして私は、知らない男に〝出会い目的〟で声をかけられたこと、つまりナンパをされたことが一度もない。

そこが同人誌即売会なら、目的は完全に同人誌だ。邪魔するジジイがいたら、前述のように「キモい」「邪魔すんな」と思えるだろう。

しかし、美術に興味がなく、知的な自分をアピールしたくて来た美術館で、しかも今まで一度も男に声をかけられたことがない、という状態で、ジジイだろうが何だろうが、とにかく男に声をかけられたらどうなるか。

「普通に喜んでしまいそう」なのである。

恐ろしい話であり、由々しき事態だ。ブスというか、今まで男に興味を持たれたことがない、下心を持って近づかれたことがないという経験は、ここまで知能指数と判断力を下げてしまうのである。

実際、街で若い男に声をかけられて「キャッチなんだろうな」と思いつつも、ついていったらやはりキャッチで（ついていった先で、若い男は販売員の女とバトンタッチした）、2時間ほど美顔器の説明を聞いたことがある。何でついていったかというと、やはり男に声をかけられたことにより、浮ついてしまったのだろう。

ちょいワルジジイに対し、「こんなのに引っかかる奴いるのか」と思えるのは、あくまでネット上で客観的に見たからにすぎず、実際はこんなもんである。

寂しさから、変な男や女に引っかかったりしてしまうのと同じように、モテたことがないという経験も、同じくらい人の防犯意識を下げるので、ちょいワルジジイの話も一笑に付さず気をつけるに越したことはないのである。

私も気をつけているので、いまだにナンパには一回もあったことがない。これはおそらく、気をつけている成果だ。気を抜いたら、きっと声をかけられてしまうだろう。そうに違いないし、そう思うことにしよう。

ブスの香り「BUSUGARI」で殴り込む以外ないということである

担当から「力士の香水ができた」という情報が入ってきた。

これは稽古中、いつまでも子どもだと思ってた弟弟子から、思いがけずいい匂いがして、妙に意識してしまうようになった、というRL（力士ラブ）用アイテムというわけではない。

「力士の香りがする香水」のことだ。

まず「誰の？」という話である。そして重要なのは、ラインナップに元横綱・朝青龍がいるかどうかだ。しかし、調べてみると、誰の匂いがするというわけではなく、力士が使う、びんつけ油の香りがする香水だそうだ。

AVとイメージビデオぐらい隔たりのある話だ。「アイドルの匂いがする商品」と

ところで全くピことこなり
びんつけ油の香り

言われて、彼女の実家の便所の芳香剤の香りがきたらキレるだろう。

だが、こういう商品が正気で出てしまうということは、今の市場がいかに乱世であるか、という話である。むしろ、常識にとらわれて、お花の香りばかり出している奴の方が淘汰されるのである。

つまり、ブスの香り「BUSUGARI」で殴り込む以外ない、ということである。

ここで「ブスの香り＝悪臭」とするのは発想が死んでいるし、よしんば臭いブスがいたとしても、それはブスの中でもレベルが低い。「清潔な身なりで、肌や髪の艶も良く、いい匂いがするけどブス」な方が強いに決まっている。

ブスというのは、足し算ではない。すべてのプラス要素をすべて帳消しにし、マイナスまで持っていくブスこそが、上質なブスである。

それに、悪臭だとそちらに気を取られ、せっかくのブスが霞んでしまう。香水というのは、そもそも、つける者の魅力を引き立てるものである。

つまり、ブスの香水も、つけることでブスが引き立ち、眠っていたブスが目を覚まし始めるような香りでなくてはいけない。

まず、「煙い」というのはどうだろうか。目の前で焼肉や、焼き鳥が催されているかのような煙さ漂う香りである。

決して、臭いというわけではないが、この香りをつけたブスの近くにいくと、涙目になる、喉が若干やられるなどの、騒ぐほどではないが、地味に嫌な諸症状が起こるので、「さりげなさ」でいうと、かなり高得点だろう。

だが、それだとさりげなさすぎて「このブス、火葬場にでも住んでるのかな」ぐらいにしか思われない可能性がある。せっかく香水をつけるなら、気づいてもらえるくらいにはしたい気もする。

では「昨日、何食ったかわかる香り」はどうだろうか。ここで注意したいのは、ニンニク臭とかだと、悪臭カテゴリになってしまうので、カレーくらいに抑えておいた方がいいだろう。

そして数日、ダイレクトに何を食ったかがわかる香りをつけ、ある日、突然「昨日、何食ったかわかりそうでわからない香り」をつける。すると、昨日まで素直でわかりやすかったあなたが、急にミステリアスに見え、よほどのバカなら恋に落ちてくれるであろう。

または、たまに少し強めに効かせて「こいつ、昨日カレーを食った……というより頭からかぶったのでは？」とワイルドな女を演出するのも、よほどのバカには効果的だ。

大切なのは、想像の余地を残すこと。そうすることにより、相手が想像を絶するほど暇であれば、日に日にあなたのことを考える時間が増えていくだろう。

線香の香りなんかも「辛気臭くていいのではないか」と思われるかもしれないが、これはあざとすぎる。男はナチュラルメイクが好きというが、そのナチュラルメイクが3時間かけて作り出されたナチュラルだとわかると、萎えてしまうものである。

よって、線香の香りを使いたいなら、わざと線香の香りをつけていると思われるようではダメだ。「この子は帰宅後、仏壇の前から微動だにしないんだな」と思わせる自然な線香臭にしなくてはいけない。

その塩梅が難しいので、「上級者向け」と言えよう。

しかし、蚊取り線香臭はアリだ。むしろ浴衣や水着と同じく「夏だけのもの」なので、この季節、積極的に使っていこう。やはり季節ものを取り入れるというのは、四季がある日本に生まれてきた大和撫子としてのたしなみである。

また、蚊取り線香臭を漂わすことにより「この子、蚊に刺されやすいのかな」「何型だろう」「A型だったら僕と相性がいい」という展開もワンチャンありだ。

そして、この「ブスの香り」をつけるのに一番重要なのは、服装など身なりはキチンとしておくことである。

そうでないと、どんな匂いだろうと「風呂に入ってない人」扱いされてしまう場合がある。これでは、せっかく香水でオシャレした甲斐も何もない。

逆に言うと「風呂に入る」ことが、いかに重要かという話である。

先日、「コミュ障を治す方法」について読んでいたら「自分に自信を持つ」など、精神的な話が続いたあと、いきなり最後に「風呂に入る」と出てきた。

というわけで、まずは風呂に入っているか確認しよう。「そんなまさか」と思うかもしれないが、「よもや」ということがあり得る。

きちんと毎日入ってるし、30分の半身浴も欠かしていないという場合は「半身浴を欠かさないブス」という、位の高いブスだ。自信を持って「BUSUGARI」を、耳に一吹きして、夜の街に繰り出そう。

せっかくのブスが「うんこ」で枯れてしまったらどうするつもりだ

「『うんこ漢字ドリル』が流行ったから、『ブス漢字ドリル』も作れるのでは」と担当から提案があった。

まず、「うんこがやれるならブスもイケるっしょ！」という発想が怖い。担当の中では完全にブスとうんこが同じ袋である。

うんことブスを同じ戸棚に入れてはいけない。むしろ、うんこと一緒に入れて、良いことが起こるものの方が少ないだろう。

うんこは肥料になると言われるかもしれないが、ブスをこれ以上、肥えさせてどうするのか。食うのか。うんこで肥えたブスを食いたいのか。

確かに中国では昔、「桃のみを食わせた美少女が出す、甘くなった尿」が嗜好品と

桜にさらわれそうな
ブス

して飲まれていたらしいが、「桃と美少女」と「うんことブス」では風情が違いすぎるだろう。

それに、ツイッター情報によると、最近のうんこは栄養がありすぎて逆に作物に悪影響なのだという。せっかくのブスが、うんこで枯れてしまったらどうするつもりだ。やはり、ブスとうんこは並べるべきではない。別々に密封し、高温多湿ではない暗所に保管し、二度と出さないのが一番なのだ。

ブスとうんこが似て非なるものであるとわかっていただいたところで、まず『うんこ漢字ドリル』とは何か。

漢字ドリルをやったことがある人ならわかると思うが、漢字ドリルはただ漢字のみを書かせるだけではなく、その漢字の使用例と共に出題されていることが多い。その使用例をすべて「うんこ」にしたのが、『うんこ漢字ドリル』なのだ。

「全部うんこ」と言われてもピンとこないし、そう言われた時点でＩＱが２になってしまい、それ以上、考えることをやめてしまうと思うので、わかりやすく例を出そう。

「引っ越してきた隣人が菓子折りと、うんこを持って『あいさつ』に来た」

「すみません、勝手にうんこを『はいしゃく』させてもらいました」

ちなみに、これは『女性セブン』の付録だった、大人向けのうんこ漢字ドリルより引用した。

「隣人がうんこを持ってきた」という事態に比べれば、「挨拶（あいさつ）」という漢字が書けないことぐらいどうでもいい気がするが、こんな調子である。ただそれだけのことなのだが、これが面白いのだ。

こう見るとやはり、「うんこ」という言葉は強い。パワーワードの元祖と言っていいだろう。子どもが、うんこ大好きなことはもちろん、大人もなんだかんだで好きである。

私も20歳ごろ、空前のうんこブームが来て、リアルうんこ漢字ドリル級にうんこを常用したところ、あだ名がドストレートに「うんこ」になった。教室の入口で「うんこいる？」と言ったら、すぐに私が連れてこられていたし、時には自ら率先して「呼んだかい？」と現れていた。そして、その顔には「まんざらでもない」と書かれていた。

このペースでいくと、40歳前後で第三次うんこブームが到来し、知人の電話帳には私の番号が「うんこ」で登録されるようになるだろう。

そして、ディスプレイに「うんこ」と表示されるたびに、相手はちょっと笑うだろう。このように、「うんこ」は人を笑顔にする力がある。

「ブス」も負けず劣らずのパワーワードだが、やはり「うんこ」とは性質が違う。つまり、『うんこ漢字ドリル』の例文をそのまま「ブス」に変えてもダメなのだ。

例えば、「うんこに、お『しゃれ』をさせてインスタグラムにアップする」という例文がある。これをブスに変えたらどうか。そのブスが嫌がっていても、ノリノリでも、何か嫌な気分である。

どうせなら『ブス漢字ドリル』は漢字の勉強にもなる上、最終的にはブスを好きになっているぐらいにしたい。そして、「うんこ」が〝特に意味はないけど面白い〟を極めるなら、「ブス」は意味とドラマ性を持たせた方が良いだろう。

まず一題目はこうだ。

「春、桜に『さら』われそうなブスと出会う」

やはり、出会いからだろう。桜並木の中、不意の強風で桜吹雪に視界を奪われる。そしてゆっくりと瞼を開けると、そこにブスが立っているのだ。

そして二題目は、「転校生として『しょうかい』されるブス」

〝あ、あのブス。この前、桜の中にいた……！〟となる展開だ。

続いて、「べ、別にブスに『きょうみ』があるわけじゃねえよ！」

やはり急に仲良くなってはつまらない。ツンデレは必要不可欠だ。

そして中間くらいで、「河原でブスの顔面を『おうだ』する」がきて、その次が「ブスと固い『あくしゅ』を交わす」だ。

その後は「ブスと好みの『いせい』について語り合う」など、和気藹々とした例文が続く。さらに油断したところで、突然「ブスが海で『どうこく』している」が出題される。

このぐらいになると、笑うでもなくブスの身を本気で案じ始めているだろうし、話を聞くべきか、そっとしておくべきか、悩むだろう。漢字だけではなく、情操教育にもなるはずだ。

最後は、「ブスが『すいせい』になった」だ。

出会いがあれば、別れがある。そして漢字の難易度としても、最終問題にふさわしい。

『ブス漢字ドリル』改め『ブスと俺との漢字ドリル』。オファーをお待ちしている。

＊本文内に登場した例文の答え

あいさつ＝挨拶、はいしゃく＝拝借、おしゃれ＝お洒落、さらわれる＝攫われる、しょうかい＝紹介、きょうみ＝興味、おうだ＝殴打、あくしゅ＝握手、いせい＝異性、どうこく＝慟哭、すいせい＝彗星

ブスの時短は節約した時間をちゃんとブスになるために使っている

今回のテーマは「時短ブス」だ。

流行りの言葉に「ブス」をつけて殺すのが目的みたいなコラムになってしまっているが、ブスをつけられたぐらいで死ぬような言語は、使うに値しない。むしろ、片っ端からブスをつけて生き残った、真の意味でのパワーワードのみを使っていくべきだろう。

「ウホウホウホウホウッホ」

片っ端から、ブスをつけていった結果、すべての言葉が死滅し、ゴリラ語で話すしかなくなってしまったので、不本意ながら今回は貧弱ワードを使って話を続けさせてもらう。

「時短」。割と、ここ最近聞くようになった「デキる奴はこれをしている」系しゃらくさセンテンスである。どうせブスは暇なんだから、時短なんかする必要などないだろう。逆に、米も一粒一粒、グラインダーで研ぐくらいじゃないと、ブスの人生は長すぎるだろう。少なくとも、周りには長く生きすぎだと思われている。と言うかもしれないが、大間違いだ。

むしろブスは、家事・育児・オシャレにも手を抜かないマウンティング素敵ママが、「日那の寿命を時短レシピ！」とか言い出す前に、時短を取り入れていたのである。

ブスは、小中学生の時から、洗顔や日焼け止めを塗る時間を短縮しまくっているのである。そして、節約された時間の分、1秒でも長く紫外線を浴びたり、口に食い物を入れたり、3年間洗ってない枕に顔面を密着させようとしているのだ。こうして完成されたのが、このブスである。

私も、30半ばにして、若いころからやってきた時短の成果が如実に顔や体に現れている。ちゃんと結果が出せる、というのもブスの時短の優れた点だ。

世の中、「時短、時短」というが、そうやって節約した時間を一体何に使っているのだという話だ。ただ虚空を眺めている時間が増えただけなら、時間をかけて丁寧に

時短の成果が
今ココに!!

やった方がマシに決まっている。

その点、ブスの時短は、節約した時間をちゃんとブスになるために使っているのである。

しかし今、多くの忙しいキャリアウーマンの方が、ひげグラサン姿で「ちがう、そうじゃない」と言っていることだろう。グラサンはともかく、ひげのキャリアウーマンは枢斬暗屯子《すうざんあんとんこ》様以外いない気がするが、ともかく「知りたいのはそこじゃない」と思っているはずだ。

つまり「時短ブス」というからには、若いころからコッコッブスになる方法ではなく、「時間をかけずにブスになる方法」を教えろよ、ということだろう。

「時間をかけずにブスになる」。簡単そうに見えて難しい話である。そもそも時短というのは、時間さえかからなければいいという意味ではなく、「時間をかけずに良い結果を出す」ということだろう。

ただ時間をかけずにブスになりたいだけなら、パンストでもかぶればいい。パンストをかぶれば橋本環奈だってブスになるはずだ。違いはパンストを脱いだら橋本環奈に戻るか、パンストをかぶっているのと大差ない顔が出てくるかぐらいしかない。

だが、それは時短ではなく、ただ雑なブスだし、人工ブス丸出しだ。

日本はナチュラルメイクがもてはやされ、アイドルが整形だとわかった途端叩かれる。天然至上主義国である。「あ、こいつパンストかぶってんな」とバレてしまった時点で、男は萎えてしまうのだ。つまり、短時間で「ナチュラルブス」になるのが、正しい「時短ブス」である。

ナチュラルを演出するのに重要な要素といえば、やはり口ひげだろう。自然体を極めた女はいつだって口ひげが生えている。

私などは、一夜明ければ、昨日剃った以上に生えているので、まさに一晩でナチュラルを手に入れてしまえるわけだが、中には生まれつき体毛が薄く、生え揃うのに時間がかかり、モタモタしているうちに周りに差をつけられちゃう、という人もいるだろう。

そんな人にオススメなのが、半年以上放置したファンデーションだ。まず半年かかってんじゃねえか、と思うかもしれないが、探せば、使いもせず捨ててもいない化粧品が出てくるのがブスの館である。

よく、「これひとつでスキンケアから下地、ファンデーションにまでなる」という、それこそ時短メイク用のアイテムが売られているだろう。これはその逆バージョンで、これひと塗りで、すべての肌荒れを引き起こせるという優れものである。

私は、それを使うことにより、一日で「自分の顔が何かの苗床になっている」という実感を得ることができた。何事も手ごたえというものは必要である。

さらに、それが収まるのに相当な時間を要したので、持続効果もある。あまり教えたくなかったが、仕事に恋に全力で一生懸命な女子に、エールの意味で教えたいと思う。

そもそも、ブスは美人でいる時間を時短していると言える。美人でいる時間を節約して、その分ブスでいるのだ。

やはり、ブスは生まれながらの時短の達人である。

ブスフローチャートの1問目はもちろん、「あなたはブスである」

「『ブスフローチャート』を作りたいですよね」と担当に言われた。

一瞬で、「いや別に」がベストアンサーに選ばれたが、人というのは「◯◯診断」みたいなのが好きだし、それに対して当たっているとか当たっていないとか、ガタガタ言うのも大好きである。

結局、みんな自分が何者か知りたいし、自分がこういう人間なのだと主張したいのだ。

「私って、◯◯な人じゃないですか～」と言っている女のアクメ顔を見れば一目瞭然である。よって、世の中のブスもみんな「私って、シェフの気まぐれブスじゃないですか～」とか言って、アヘ顔ダブルピースしたいのである。わかる。

そのためには、まず自分が「何ブスか」を理解しておかなければいけない。「私、ブスじゃないですか〜」などと言われても、そんなの「海は広い」と言われているようなものであり、相手は「せやな」としか言えない。他人を困らせるのは良いことではない。

まず、ブスフローチャートの1問目は、もちろんこれだ。

「あなたはブスである」

このフローチャートに挑む者の5兆%が「YES」を選ぶと思うが、万が一「NO」を選んだ場合、「自分がブスだと気づいていないブス」となり、診断終了である。

当然だ。ブスフローチャートなのに、それ以外になったら詐欺と言われても仕方がない。「あなたは何美人？　診断フローチャート☆」をやって、「山盛りマヨネーズブス」とかになったら怒るだろう。

逆にいうと、ブスフローチャートは「ブス」か「どうしてもブスになりたい女」以

地球を
おおいつくすブス
ブスですか
NO
YES
ブス

外はやらない方がいい。確実に「ブス」という結果が出るからだ。

最初に「ブスである」という大前提が決まったところで、いよいよ「何ブスか」を診断する質問が始まる。


「イオンに入っている、店名すら思い出せないショップで買った服を着ている」


もはや、ブスがユニクロや、しまむらを着ているという発想は化石である。ユニクロやしまむらは、たとえレジ前で謎の菓子を売っていても服屋だ。服を買いに、服屋へ行っている時点でダメだし、そもそもいつどこで買ったかを記憶しているのもおかしい。「イオン」「安い」以外は、何も覚えていないぐらいが良い。

これが「YES」ならブスだし、ブスであることをどうにかしようともしない「無頓着ブス」である。「NO」の場合は、「デザイナーズブランドを着ている」に向かう。これで「YES」なら、奇抜な格好で周りに差をつけようとして、さらに差を広げられている「個性派ブス」方向に行く。

これでも「NO」なら、「1アイテム5000円前後のシンプルな服を着ている」

へ行く。「YES」の場合は、派手な格好をするわけではないが、決して捨て鉢になっているわけではなく、女、いや人としてちゃんとした格好をしている「きちんとしたブス」になる。

なぜか「無頓着ブス」や「個性派ブス」より、「きちんとしたブス」の方が破壊力（ただし自分の人生を）が高い気がするが、服装ひとつとっても色んなブスに分けることができるのだ。

ゆえに、ブスというのは細分化しすぎて、すでに天文学と同じ規模になってしまった。

よって「ブスフローチャート完全版」を作ろうと思ったら、チャート紙で地球が覆い尽くされ、世界が終焉を迎えるというSFになってしまうのである。

ブスによって世界が終わるのは仕方ないにしても、それではカタルシス（ジープに乗ったブスの大群が世界を焼く尽くすなど）がなさすぎる。なので、先に設問を考えるのではなく、ゴールとなるブスを5個ぐらいに絞っておいた方がいいだろう。

まず、前述のような「無頓着ブス」に「個性派ブス」、美容本やダイエット商品、高価な化粧品（使いかけ）が部屋を埋め尽くしている「金のかかったブス」。

『キラキラ女子読本』の横に『ほっこり美人になろう』が並べられている「自己啓発ブス」。部屋を5歩以上歩くと、必ずパワーストーンを踏む「スピリチュアルブス」。意識高い系とのツーショット写真をインスタにあげることに命をかけている「自分の意識は特に高くない系ブス」に「肉巻きおにぎりブス」（特に説明はない）。

5個に絞るはずが、息をするように出てきて7個になってしまった。

やはり、ブスはナンバーワンかつオンリーワン。ふたりいたら困る世界に一つだけのブスなので、枠に収めるというのが体積的にも難しい。

しかし、どれだけ詳細なフローチャートを作っても、第1問目の「あなたはブスである」以外全部「NO」なブスも必ず存在するのだ。「無のブス」または、顔がブスな以外ブス要素がないという「一点突破ブス」である。

ブスであれ美人であれ、やはり、最初の素材の良さには勝てないのかな、と思い知らされるのがフローチャートというものなのかもしれない。

つまり「かけるしかねえ、命、インスタに」ということである

最近、「インスタ映え」という言葉をよく聞く。

その名の通り「インスタグラム」に載せる写真の見映えが良く、それがオシャレに見えることである。よって「インスタ映えしそうな顔」と言われたら、褒め言葉ではないし、むしろ若干ディスられていると思った方がいいだろう。

「インスタに載せるための、イケてる写真の撮り方」ならわかるが、最近では「インスタ映えするスポット」などまで紹介されている。もはや、行動をインスタに記録するのではなく、イケてるインスタ写真を撮るために行動するようになっているのだ。

こういう話をすると、現代社会の闇とか「リアルで満たされないから、ネットの世界で欲求を満たしている寂しい若者」みたいな話になりがちだが、じゃあ昔の人間は、

みんなリアルで満たされていたかというと、そんなことはないだろう。おそらく北京原人時代から「マヂヤミ……」とか言っている奴はいたと思うのだ。

では、ネットのない時代に、リアルで満たされない人間はどうしていたのだろう。たぶん、死んでたんじゃないかな。

死んでないにしても、生きているわけでもないみたいな状態で、70〜80年ぐらい経って死んでたんじゃないかと思う。

リアルしかないなら、そこで居場所を見つけられなかったら死あるのみ。当然だ。それを考えると、ネットで殺された若者より、ネットで命を救われた若者の方が明らかに多いのではないだろうか。ネットのない時代だったら、引きこもり、自分の膝の塩分が主食であっただろう女が、インスタに居場所を見つけて、イケてる写真を撮るためだけとはいえ、外出してカフェで飯を食っているなら素晴らしいことである。

「金がすべてじゃない」「顔がすべてじゃない」。金のないブサイクが編み出したであろう、この言葉が万が一、京が一、真実なら「現実がすべてじゃない」だってまかり通るはずだ。

女の幸せはハイスペ男と結婚して、子どもを産み育て、温かい家庭を持つこと。趣

やってやる

味や仕事に生きてる女は、それができない寂しさから逃避しているだけ、と言われたら、多くの人が血相変えて怒り、デンデラみたいに行軍して、言った奴を必ず仕留めるだろう。

だが、インスタ映えする写真を撮る女を腐すのも、それと大差ない。「現実の代替えとして、インスタというリアルじゃないものに逃避しているだけだろう」と。

前置きが死ぬほど長くなってしまったが、つまり「かけるしかねえ、命、インスタに」ということである。

しかし、長年「ウンコしたい」とかそういう独り言が許される、ツイッターという名のぬるま湯に浸かりきっていたので、付け焼刃で挑んでも、歴戦のスーパーインスタ戦士Zに一瞬で屠られ「#汚ねえ花火と私☆」みたいな、奴らの上目遣いアヒル口の背景としてインスタデビューしてしまうだけだ。

奴らに負けないほど映えさせなければいけない、もちろんブスを。

かといって、寝起きの写真をあげれば良いというわけではない。確かに「ありのままの君が一番ブスだよ」と、グッドルッキング・ガイに囁かれることに定評があるブスだが、インスタとはそういう場ではないだろう。やはり大事なのは「映え」である。

とりあえず、インスタ映えの基本は「カラフル」「カワイイ」だ。「見てください、この色とりどりのカワイイ合成着色料。そして、それらに囲まれている私もまた特別にカワイイのです」。ヴェルタースオリジナル理論である。

さらに、それに多用されるのがスイーツだ。特にインスタ映えするのは「パンケーキ」「パフェ」「ソフトクリーム、アイス」などらしいが、カラフルでオシャレなら何でもいいのだろう。

では早速、カフェでそれらを全部注文、写真を撮ろう。全部だ。何だったら後ろに、追加を持ってくる店員を写り込ませてもいい。インスタ需要カフェなら、それぐらいの小芝居に付き合うべきだろう。

言い忘れたが、必ずしも自分が写る必要はない。

なぜなら、顔が写ると、どんなにそれが可愛くても必ず「ブス」と言う奴が出てくるのだ。おそらく顔ではなく、「自分が可愛いとわかっててやってる感が鼻につく」からだと思う。

このように、自撮りをしてネットにあげること自体に、自意識過剰を感じ取り拒否反応を示す人間は一定数以上いる。「こいつ、自分をブスだとわかってやっている」

などと思われたら損である。

自分を出したいなら「今からこいつを完食しまっせ」という固く握られた拳ぐらいにしておくべきだろう。

さらに重要なのは、必ず二人掛けの席を取り、向かいの席に荷物を置いておくことだ。これで「あくまでひとりで来て、ひとりで全部食う」ということがアピれる。

そして、アップする時間帯も重要だ。15時とかでは完全におやつだと思われてしまうので、12時半から13時が良いだろう。そうすることにより、「昼飯をしこたま食った後のデザート」感が出せる。

そんなに食えないし、顔も出したいという場合は、太巻きをくわえ、断面図が真正面にくるように撮ったらどうだろうか。太巻きのカラフルさは侮れないし、口元が太巻きで隠れて「SNOW」で撮ったっぽさを出せる。

気をつけなければいけないのは、2月は避けるという点だ。2月だと恵方巻を意味深にくわえた、インスタサイバイマンどもが氾濫すると思うので、オフシーズンにやらなければいけない。

このように、顔を出さなくても充実やイイ女アピールができ、周囲にそう思わせられるツールは、昔はなかったはずだ。
SNSは、「輝ける場所の選択肢が増えた」という解釈でいいんじゃないだろうか。

芸能界と同じように、ブスも顔がブスなだけでは勝ち抜けないのだ

担当から「連載用の資料です」と、数冊の本が送られてきた。

その中に『性格類語辞典 ネガティブ編』というものが入っていた。簡単にいうと、ありとあらゆる人間の短所が解説と共に書き連ねてあるという、暗い気分の時に読んで後悔したり、明るい気分の時に読んで後悔したりするための本である。

しかし、表紙には「ネガティブ因子を増幅させてプラス要素に転換する！ それがドラマだ！」という藤子不二雄Ⓐ先生の力強いお言葉が記されている。

Ⓐ先生といえば『プロゴルファー猿』の作者で、「ワイはブスや。プロゴルファーブスや」（5兆ヤードぐらい飛ばしそう）と、僭越ながらセリフをパロらせてもらった。

少年向けだけではなく『笑ゥせぇるすまん』のような、人の心の闇を描いた大人向け

主役。

作品も多数手掛けている。

創作において、人のネガティブな要素というのは、非常に大事なものであり、逆にキャラクターを魅力的に見せる役割を果たすのだ。

つまり、これで「最強のブスを作れ」ということである。

普通だったら「漫画のキャラクター作りの資料として、これを送ってきた」と解釈すべきかもしれないが、それが担当の意向なら余計に無視しなければならない。

それに、そこまで興味があったわけでもないブスの研究を長くしてきてわかったが、芸能界が〝顔が良いだけ〟では渡っていけない世界なのと同じように、ブスも顔がブスなだけでは勝ち抜けないのである。

何を勝ち抜けないかといったら、もちろん「ブスデュエル」だ。

様々なブスカードを駆使して戦うブスデュエル。まあ最終的には、相撲とかで決着がつくのだが、カードゲームで重要なことは、ただ強いカードを揃えれば良いというわけではない。

チャーハンに、カレーとハヤシライス、ハンバーグがのっていたら強いかというと、確かに物量的にブスがパワーアップするだろうが、スタイリッシュな勝ち方ではない。

大切なのは組み合わせである。一見、弱いカードでも組み合わせることにより、強いカードを倒すことができるのだ。

では、この『性格類語辞典 ネガティブ編』より、無作為に50音の中から性格を抜き出すので、皆さまもお手持ちのブスに装備させて、最強のブスを目指してほしい。

何を言っているのかわからないが、いつものことなので、とりあえず「振り落とされるな」とだけ言っておく。

あ行＝「いたずら好き」
か行＝「口うるさい」
さ行＝「自滅的」
た行＝「低俗」
な行＝「生意気」
は行＝「不安症」
ま行＝「向こう見ず」
や行＝「抑制的」

ら行＝「理不尽」

わ行＝「忘れっぽい」

「本当に無作為か」と思われるかもしれないが、本当に適当に本を開いて出てきたものである。どれも、もれなくブスと相性バッチリといった感じだが、組み合わせてさらに強いブスを作りたい。

まず、「いたずら好き」。

大人だとしたら、よほどの美女にしか許されぬ性格だ。「いたずら好きのブス」に肩を叩かれ、振り向いたら、相手（ブス）の指が頬を刺す。そして「やーい、ひっかかった」と、文字通りいたずらっぽく笑うブス。こいつはお返しに、どてっ腹をドスで刺してやらんと気が済まん、と思うだろうが、落ち着こう。これは「自滅的」と組み合わせれば良い。

「いたずら好き且つ自滅的なブス」

こうすることにより、ブスは自分で掘った落とし穴にはまり始める。特にトラばさみにかかったブスとかは、芸術点も高く高評価だ。

次に、「低俗」はどうだろうか。一見、強そうに見えるが、意外と難しい。「低俗」の意味を見ると「下品、不衛生、不誠実、不正直」と書いてある。つまり、汚れだ。これは天下一武道会でいうと、バクテリアンポジションであり、活躍が期待できない。

しかし、「低俗」の意味はそれだけではない。その下に「麻薬を密売する」と書かれていた。

「それは性格なのか?」と思わないでもないが、弱いと思っていたカードに思わぬ特殊効果があったといったところだろうか。

では、これには何を組み合わせたらいいだろう。迷ったが「抑制的」がいいかもしれない。

「低俗で抑制的なブス」。この時点で、中2がワクつきそうなところも良い。「抑制的」の意味は「自己嫌悪に陥る」「何も感じない状態を自らに強いる」となっている。

つまり、「麻薬を密売し、自己嫌悪に陥りながら、何も感じないように自分に強制しているブス」だ。完全に「主人公」ではないか。全15巻は堅い。

「理不尽なブス」もいい。「不自然なガール」みたいにPerfumeに歌ってほしい。この理不尽をさらに強化するのはどれか。考えるのが面倒になったわけではないが、各々考えてみてほしい。

そしてこの夏、自らカスタムした最強のブスを引き連れ、真夏の太陽の下でファイト（相撲）だ！

「肉巻きおにぎりブス」。愛されブスの登場に焦りと苛立ちを隠せない

皆は覚えているだろうか、「肉巻きおにぎりブス」を。覚えているようなら今すぐ記憶を抹消して、英単語のひとつでも覚えろ。

以前、「ブスフローチャートを作ろう」という「この世の無益の粋を集めようぜ」みたいな企画をした時（１３９ページ）、ただ語呂がいいという一点突破のみで登場したブスだ。

当然、当方も知らないブスなので、説明も特に書かなかったところ、担当から「肉巻きおにぎりブスの詳細希望」と要請があったのだが、「知るわけねえだろ」という名の無視を決め込んだため、そのまま掲載された。

すると掲載後、「自分は肉巻きおにぎりブスだと思う」「この中なら肉巻きおにぎり

ブスになりたい」という声が相次いだ。肉巻きおにぎりブスが何なのか、わからぬままに。

思わぬ愛されブスの登場に、焦りと苛立ちを隠せない。

しかし逆に、「ついに、このステージに来てしまったか」という感じもする。「ブス図鑑」という連載タイトルからもわかるように、これまでの私は先人のブス学者が発見したブスを紹介するに過ぎなかった。

そろそろ「復習」の時間は終わりだろう。今度はこちらが新種のブスを発見し、作り出す時がきたのではないか。

つまり、創造主となるのだ、ブスの。

「ブスは、何人いても困らない」

そう、合コンで自分が一番カワイイと思われたいブスが言っている。

紙に換算すると、アマゾンが消滅するぐらい分厚い『ブス図鑑』の1ページに「肉巻きおにぎりブス」を記していこうではないか。

では、「肉巻きおにぎりブス」とは何なのか。

まず、聞いた瞬間、皆がこれになりたいと言い出したのだから、少なくともポジ

こういうブスに
私はなりたい

ティブな意味のブスでないといけないだろう。もちろん全員、それよりネガティブな意味の美人になりたいと思っているだろうが、ポジティブというのは何にも代えがたいものなのだ。例えば、ベッキーとか……。

ブスの上にポジティブでもなくなりそうなので、このたとえはなかったことにして、「肉巻きおにぎりブス」である。

「肉巻きおにぎり」は、その名の通り、おにぎりを肉で巻いたものである。

おにぎりを作った時、海苔がないのに気づいて、瞬時に「海苔がないなら肉だな」となったなら豪放磊落なブス。もしくは「パンがないなら、大麻を吸えばいいじゃないの」と言い出すような、もっと早い段階で革命を起こされていたであろう、マリー・アントワネットブスを想像するが、ウィキペディアを見たところ「肉巻きおにぎり」とは、おにぎりに味をつけた肉を巻き、オーブンでじっくり焼いたものらしい。

米を肉で巻くという、一見すると野蛮な発想、そして、見た目が肉の球体という、今からビルを壊すという時に、鉄球の代わりにこれを持ってこられても違和感ないビジュアルにも関わらず、意外と手間がかかっているのである。

それに、指先に破壊神を宿し者、簡単にいうと不器用な人間ならわかると思うが、料理において「巻く」という作業は結構、難易度が高いのだ。巻く段階で肉が破れるか、破れなかったとしても、火を通す段階で分解してしまったりするのである。

オーブンで焼くならそんなことにはならないだろう、と思うかもしれないが、不器用な人間がやると、オーブンを開けた時には、ヴィーナス誕生の如く、肉の中から米が誕生しているのである。なぜ、そうなるのかわからない。が、そうなっているのだ。

つまり「肉巻きおにぎりブス」は、その強い外見に対し手間がかかっており、それなりの器用さも求められる大胆かつ繊細なブスと言える。

では、具体的にどんなブスかというと「化粧がストロングスタイルのブス」だ。

ストロングスタイルとは、ただ化粧が厚いことをいうのではない。ナチュラルメイクというナチュラルに見せるための厚化粧があるが、その対極である。ナチュラルメイクの肝は、巧妙なぼかし。グラデーションである。

それを一切廃したのが、ストロングスタイルだ。緑の隣に赤がある、クリスマスカラーブスといってもいい。つまり、「化粧の境界がとてもはっきりしている上にブス」のことである。それもただ、海苔のような濃い眉毛ではなく、それがすべて鋭角。眉山が登山者を拒むが如く高く尖っており、アイラインが、モズが早贄で刺すのにちょうどいい具合に突出している奴だ。

しかも、決して化粧が下手というわけではない。きっちり左右対称、1ミリもはみ出さずに強いのだ。逆に不器用なブスには、とても真似できない技術なのである。まさに大胆かつ繊細、見た目が強く、何よりブスである。

昨今、ハイパーメディアクリエイターを筆頭に、職業というのは名乗った者勝ちになっている。ブスもそれと同じで、人に決められる前に、自分で名乗った方がいいだろう。

「汁なし担々麺ブス」とか好きなものを名乗ろう。ちなみに、食べ物に限定することはない。

「おいでませ、ブスの里」。ブスの里に入ればブスの里に従え

「ファビュラスブス」という悪質な言葉狩りみたいなテーマで書いた際に、「もう古い言葉」的なことを言ってしまったが、この夏、また「ファビュラス旋風」が巻き起こったという。

「ファビュラス」という言葉を流行らせたのは、言うまでもなく叶姉妹さんだが、その姉妹が今夏のコミケに参加し、その立ち振る舞いがまた「ファビュラスだ」と絶賛されているのである。

連日の参加者全員（約50万人）のバッドスメルを集めた体臭玉を、叶姉妹の香りにより一撃で粉砕した、などの噂もあるが、一番称賛されているのは「郷に入れば郷に従え」の精神ではないだろうか。

叶姉妹といえば、やはりセレブである。しかし、殿様の気まぐれで庶民の中に入り、ひっかきまわして帰る、というようなことをせず、コミケのルールやマナーに準じ、悪い意味での騒ぎを起こすことなく、その場を盛り上げて帰られたのだ。

通常なら、叶姉妹の移動手段は、グッドルッキング・ガイの裸神輿であろう。だが、コミケにグッドルッキング・ガイは「かさばる」という理由で、連れてこなかったそうだ。少しの出っ張りが人をも殺しかねない、コミケである。グッドルッキング・ガイは相当、凸であろうから英断である。

やはり、その場には、その場のルールがある。自らのスタイルを固持するのではなく、勉強し、合わせる姿勢こそが「ファビュラス」なのだろう。

よって、今回はそんな叶姉妹へのリスペクトも込めて「郷に入れば郷に従え」の精神について考えていきたいと思う。

ここで言う「郷」とは、何か。「ブスの里」だ。当然だろう。

たとえ、あなたが絶世の美女であったとしても、ブスの里を表敬訪問する際は、美女のままでは不敬であり、そんな様はある意味醜いと言える。ちゃんとブスの里の文化を理解し、それらしい姿で訪れなくてはいけない。

おいでませ
ブスの里
準備は
イイかっ・

しかし、ブスに見える特殊メイクをして行けというわけではない。むしろ、そんなことをしたら、足を踏み入れた瞬間、竹やりで串刺しにされ「おいでませ、ブスの里」と書かれた横断幕の下に一週間ぐらい飾られると思った方がいい。

まず、冷静に考えてほしい。ブスというのは〝そういうマナーだから〟ブスにしているわけではないのだ。なので、「作っていく」必要はない。むしろ、美容界が提唱する「ナチュラル」や「自然体」という、しゃらくさい言葉はブスの里でも大事とされている。

ただ、ブスの里での「ナチュラル」には、指毛や眉間の毛も含まれているということを忘れてはならない。たとえ毛といえど、無駄な殺生は食肉以外、好まないのがブスなのだ。

では、すっぴんで行くのがいいのかというと、確かにそれでも問題はないが、もう少しブスの里の文化を取り入れた方が心証が良くなる。従って、「化粧水から乳液、美容液、化粧下地までこれ1本でOK」と謳っている「何か」のみ塗っていこう。

もちろん、ソレの役目は下地までなので、その上にファンデーションなどをのせなければいけない。それを「でも、下地だけでも肌色だし、これで良くね」と判断し、そのまま外に出てしまう「雑な感性」こそ、ブスの里が長年かけて育んできた文化である。

それを理解して行けば、村長も「これはお嬢さんの物見遊山というわけじゃなさそうだね」と判断し、チョイ残しのまま冷蔵庫に1ヶ月放置した秘蔵のファンタグレープなどを振る舞ってくれるはずである。

他にも、季節を見失うような中途半端な丈や色の服を着たり、明らかに「仕事とプライベート両用だよね」というような年季の入ったパンプスを履いたりと色々できるが、それはアクセサリーのようなものなので無理にしなくて良い。

しかし、髪のキューティクルは剥がしていこう。

これは、「厳かな場所では派手な付け爪をはずす」と同じマナーである。

長年積み重ねてきたブスというのは、肌にも出るが、髪にもかなり出るのである。

そして、髪の汚さは、時として顔面の美しさを相殺する力を持っているので、ブスの里に行くのに美女で困るという方は、髪を重点的に傷めると良いだろう。

これは、一朝一夕でできることではない。洗髪はシャンプーのみで、乾かさないまま間髪入れず寝るのはもちろん、栄養にも悪い意味で気を使わなければならない。

だが、叶姉妹だって「そうだ、コミケに出展しよう」と前日に思い立って行ったわけではないのだ。相当の準備期間、そして、スタッフも手配して臨んだからファビュラスな結果になったのだ。

つまり、訪れる先に敬意を払い、事前に勉強し、その場に合わせられるように努力をする。それができないなら、どれだけ美しく着飾っていても美しくないし、ましてファビュラスではないのだ。

この夏、叶姉妹から勝手にそう学んだ。

カラフルでインスタ映えするからに決まっている。聞くな馬鹿

夏も終わりである。

しかし、前にも書いたような気がするが、季節を感じているようではブスとして未熟だ。

これから食欲の秋になり、どうせブスは太るんだろうと思われているかもしれないが、秋の力を借りないとデブれないようではブスとはいえない。

部屋から出ず、イベント事を完無視し、一年中彩度の低い服を着て、季節を殺す。

これが四季のある日本に生まれてきた「ヤマトブスシコ」としての、たしなみである。

だが、いきなり張り切り出すのもブスのチャーミングなところだ。普通のブスだと、春とか夏前、クリスマス前などにしか、張り切れないものだが、徳の高いブスになる

と痙攣発作的にいつでも突然張り切れる。

ともかく「季節に左右されないブス」こそが理想だ。というわけで、突然張り切ろうじゃないか、「秋」を。

秋というのは地味に見えるが、やれることは多い。むしろ、夏の燃えカスになっている連中に差をつけるチャンスだ。かといって、食欲の秋では芸がないし、読書の秋も部屋に自己啓発本が増えるだけである。ここは、スポーツの秋でいきたい。一番ブスに似つかわしくないところも、ギャップ萌えでさらに高得点だ。

しかし、「潔さ」だけなら誰にも負けないブスである。美容とか健康とか「心身の向上」みたいな動機では、とても運動など続かない。

オシャレなジャージを厳重に保管するだけの秋になってしまうのは目に見えているし、そのジャージは来年にはもう着られなくなっている。どうしても新しいジャージでモチベを上げたいなら、2サイズは上のものを買った方がいいだろう。先を見越す慧眼もブスには必要なのだ。

運動が好きじゃない人間がやる気を持続するには、目に見える成果が必要だ。運動なら、「砲丸を昨日よりも3センチ遠くまで投げられた」といった運動技術の向上や、

自分が
カラフルになる
時代

体重が減った、スタイルが良くなった、などである。

だが、結果を出すには時間がかかる。そして、その前に投げ出してしまうのがスタンダードブスである。そもそも、己を高める目的でスポーツをすること自体もう古いのだ。スポーツだけではない。今、あらゆる行動の目的はひとつしかないのである。

賢明でない読者は、もう気づいているだろう。そう「インスタ映え」だ。

夏の残骸どもが、泣いて悔しがりながら「いいね！」を押すような、インスタ映えしたスポーツの秋ショットを撮ってやるのである。

インスタ映えスポットが紹介されるぐらいなら、スポーツもあるだろうと思ってググってみたら、恐ろしいことにやはりあった。

「写真映えしない運動なんて、意味がない」

そんな力強い文言さえ書かれている。いつもなら戦慄を覚えるが、今日ばかりは心強い。では、インスタ映えするスポーツ写真とはどんなものか。光る汗か、躍動感か。

否、「カラフルさ」である。

まことに驚いた。スイーツを撮る時とまったく同じことが書いてある。結局、ウミウシみたいなジャージに、虹色に照り返すグラサンをかけ、頭から銀色に光るアラザンをかぶっていれば、種目はなんでも良いということなのだろうか。

おそらく基本はそういうことなのだろうが、インスタ発祥の地・アメリカではすでに「インスタ映えするカラフルな競技」が開催されているという。

その名も「The Color Run」。

もう名前がすべてを物語っているが、内容は5キロのマラソンだ。ただ、普通のマラソンと違うのは、走っている途中でランナーに色とりどりの粉がぶっかけられる、という点である。

なぜ、そんなことをするかというと、カラフルでインスタ映えするからに決まっている。聞くな馬鹿。

そして、完走後は頭から爪先までカラフルになった仲間たちと、ダブルピースで記念撮影、「いいね！　5000兆件」というわけである。

「世も末かよ」と思うかもしれないが、祭りというのは、そもそも常軌を逸してなんぼである。それにこの「The Color Run」、かなりブス向きだ。

「The Color Run」の写真を見てみると、粉が目に入るのを防止するためか、全員、揃いの照り返したグラサンをかけている。さらに、顔も体もカラフルな粉まみれだ。

つまり、美人とブスの差があまりなくなっているのである。グラサンとカラフルな粉が、良い意味で素材の持ち味を殺してくれているのだ。

さらに、走っていたら粉をぶっかけられるという、頭がおかしくならざるを得ない非日常感もいい。陰気なブスでも走り終わるころには、ウェイ系になって、見ず知らずの人間と肩を組んで写真が撮れそうな気がする。

違法の白い粉よりは、合法のカラフルな粉でハイになった方が体にいいに決まっている。

この「The Color Run」、すでに日本でも開催されているらしい。しかし、海外の真似という時点で若干ダサいので、小麦粉、卵、パン粉の順番でぶっかけられて、最終的にトンカツになっているなど、日本ならではの競技も考えてほしい。

カラフルなものの方がインスタ映えするというが、トンカツの〝映え〟は別格である。

「無知の知」が成り立つなら「ブスのブ」だってアリだろう

「自分自身が無知であることを知っている」

ソクラテスの哲学だ。自分が無知であることを知っているだけ、相手より優れているという「無知の知」である。

それが成り立つなら、「ブスのブ」という言葉もありだろう。

自分がブスだと知っているだけ、それを知らないブスより優れているというわけだ。

しかし、これは状況による。場合によっては、知らない方がいい時もある。

例えば、美容院などがそうだ。散髪店というのは、たとえ10分1000円のカットだろうが、絶対に目の前に鏡がある。つまり、最低10分間はブスだとわかっている自分の顔と、フェイスtoフェイスなのである。

メデューサが自分の姿を鏡で見せられたとしたら石になってしまうように、ブスだって自分の顔を10分も見せられたら石灰ぐらいになってしまう。どれだけ視線を雑誌やスマホに向けても、ふと顔を上げると自分の顔があるのだ。『影牢』でも見ないような悪質な罠である。

10分ならまだしも、小一時間も見ていたら、一週間前はなかったシミがあるとか、変なところから毛が生えてるとか、今まで知らなかったブスにまで気づいてしまい、「ブスのブ」がさらに深まってしまうという話なのだ。

だが、これは自分のことをブスだと知らなければ平気だろうし、むしろ美人でも自分の顔が好きじゃないなら苦痛だろう。

このように、美容院とは古より戦いの場である。敵は美容師と思われがちだが、結局は一人相撲な場合が多く、つまりは「己の自意識との戦い」なのだ。

そんな合戦場のひとつに、「ヘアカタログ」というのがある。

美容院に行って、座るや否や「2ミリの坊主」とか「こんなところに半年来なくて済むようにしろ」といったオーダーを言えれば良いが、美容院が苦手な人間はまずそんなことすら言えない。

まあ気にせず
好きな髪型に
しろよ

そこで登場するのが、見本となる「ヘアカタログ」だ。カタログに載っている見本写真を指差し、「これで」と言えば済むことである。美容師も、わかりやすくて一石二鳥だ。

しかし、ブスというか自意識をこじらせているとこれすら苦痛なのである。ヘアカタログのモデルは全員美人だ。つまり、「ブスのクセに美人と同じにしてくれなどと抜かしている」と美容師に思われてそうで嫌なのである。

当然、考えすぎだ。

例えば、患者としては医者に体を見せるのは恥ずかしいかもしれないが、医者からすれば人間の体を毎日見ているのだから、どれも同じ生レバーぐらいにしか見えていないだろう。

同じように、美容師だって毎日、色んな人間の髪を切っているのだ。多少のブスが「ガッキーと同じにして」と言ってきても、定食屋における「Aセット」くらい、ありふれた注文だろう。

しかし、美容師がどう思おうが関係ない。この私が、このブス様が気になるのだ。

「そんな面倒くさいブスに朗報」と担当からリークがあった。「モデルが全員ブス（ブサイク）のヘアカタログ」があるというのだ。

確かに、太っている人向けのファッション誌があるのだから、ブス向けのヘアカタログがあっても不思議ではない。

では、もし、このブスヘアカタログが美容院に置かれるようになれば、ブスの心に平和が訪れるのだろうか。

逆だ、世界大戦突入である。

考えてみてほしい。美容師が最初から、そのブスヘアカタログを持ってくるだろうか。それは、客をブスだと言っているようなものだ。まず持ってこない。「気を利かせてブスヘアカタログを持ってきた」というなら、その美容師は全然気が使えてないし、接客業にすら向いていない。

つまり、わざわざ「ブスのやつお願いします」と美容師に言わなければいけない。普通のカタログを指差すことすらできないブスが、そんなことできるはずがないだろう。

さらに、ブスヘアカタログをオーダーしたことにより、美容師に「この客、自分のことブスと思っているんだ」と悟られるし、逆に顔に注目されてしまい「そう言われればブスかも」と思われる危険性が出てくる。

モデルが全員美人の場合、それしかないんだから、そこから選ぶしかないという仕方なさがあったが、これが「美人」か「ブス」かの選択制になることにより、今まで被弾してなかったブスにまで弾があたり出すし、黙々とAセットを運んでいた美容師すらいらぬ葛藤をしなければならなくなる。

「美人がモデルだと参考にならない」という意見も大昔からあるし、パピルスにも書かれている。

しかし、その髪型や服が素敵に見えるのはモデルが美しいからという点もある。商品を売る時は、ソレを使った最高のモデルケースを見せるのは当然のことである。

つまり、ブスがモデルだと、購買意欲すらわかない可能性がある。

美人モデルを見て、自分もそうなれると思い込み、軽率に商品を買って経済を回すのがブスの役目だ。自らがモデルになり、経済をストップさせるのは不本意である。

ちなみに、件のブスへアカタログだが、確かに美人やイケメンとは言い難い人をモデルにしながら、各々に似合った髪型を紹介しているので、カタログ自体は良いと思う。

ただ、モデルがおどけた表情をしているものはマイナスだ。ぜひ全員、死んだ魚の目で真正面を見ている写真にしてほしい。

「私はブスです」の英語がとっさに出ず赤っ恥をかくことは避けたい

「最近の図鑑は、すごい」――担当からのリークである。

この時点で「それより、猫とからあげの話をしよう」と言うべきだった。最近の図鑑は飛び出してきたり、音声が出たり、それも英語だったりする。連載「ブス図鑑」もそういう感じにできたら良いのではないか、とのことである。

つくづく、担当の考える「良い」は公序良俗に反している。ブスが飛び出してきたら、「成敗」以外の選択肢はないだろう。

しかし、「学び」において、そういう要素が大切なのはわかる。特に、子ども相手に延々と文字で説明したってわかりっこないし、そもそも興味を持たない。

まず、ビジュアルを見せて興味を引く。それが図鑑だ。さらに、飛び出してくるな

ブスの視界体験

どのギミックがあれば、より興味を持つだろう。

よって「ブス図鑑」も、文章でブスについて論ずるよりは、ビジュアルを次々と見せていった方がいいのかもしれないが、そもそもビジュアルを見せた瞬間、主に異性に興味を失われるのがブスという存在ではないのか。

しかし、図鑑だって、キレイな花やカッコイイ乗り物ばかりではない。見た目がハード寄りな昆虫図鑑だってあるだろう。学習帳の表紙に、「虫はやめてくれ」という声が上がり、表紙から消えたくらいなので、それらが苦手な人も多いのは確かだ。

だが、そういったハードコア図鑑自体が撲滅されることはないし、買う人間も必ずいる。つまり、ビジュアル型ブス図鑑も出してみれば、誰か必ず買うはずだし、そういうタイプは「保存用」「観賞用」「使用する用」と、オタクがよく言う謎の3冊分で買ってくれるはずだ。

グロい昆虫と同列にしないと、人を説得できないという事実がまずキツいが、リアルブス図鑑には需要があるし、どうせ作るなら冒頭で言った通り、仕掛けがあった方がより良いではないか、ということだ。

だが、ブスの顔が丸ごと飛び出してくるような仕掛けをしても、名うてのハンターに仕留められるだけだ。そもそも図鑑というものは知見を広めるものなので、よりブスを理解してもらえる仕掛けが良い。

よって、ブスの顔を飛び出させるより、ブスの顔のどこに毛が生えがちかを教えるために、実際に図鑑に植毛してあるなどがいいだろう。

そうすることにより、「ブスといったら、口ひげだろ」という程度の知識しかなかった者が、下唇の下に、やたら硬くて色の濃い短い毛が2~3本生えていることに気づいたり、生え際の産毛が広範囲すぎて、もはや生え際というものが存在していない、という新たな知見を得るのである。

それに、一目で「肌の汚いブスだな」とわかっても、その質感まではわからないはずだ。

図鑑に、そのザラつきをリアルに再現してもいい。点字ぐらい凹凸があるので、そこから何かのメッセージを読み取ることも可能だ。

英語での音声ガイダンスもいいだろう。何せグローバル社会だ。海外からやってきたビジネス相手とのファーストコンタクトで、「私はブスです」という英語がとっさに出てこず、赤っ恥をかくということは避けたい。

そもそも、「ブス」とは英語で何なのだろうか。叶姉妹のおかげで、美男子のことは「グッドルッキング・ガイ」と言うことはわかった。ならば「バッドルッキング・ブス」でいいだろう。

同じことを二回言っている気もするが、重要なことを二度言うのは常識だ。

他にも「主食はファミチキです」とか「親が私の老後を心配してきます」とか、明日から使えるブス英語を紹介しておくと良いだろう。

これで、だいぶブスに対する知識を得られたと思うが、知識があるのと理解はまた別である。

年寄りや妊婦に席を譲れと言われても、年寄りや妊婦ではないので、そのツラさを身で感じることはできない。よって、「そうは言っても大丈夫だろ」と思い、寝たふりを決め込んでしまったりするのだ。

なので、体に重りをつけるなどし、年寄りや妊婦がどれくらい不自由か身をもって体験する試みなどもされている。

それと同じように、ブスも体験できるようにしたらどうか。顔を特殊メイクでブスにしろというわけではない。

「美人と並べられ、明らかに男から差別されてみるコーナー」「毎日、頭を洗っているのにかゆい体験」、常に地面か虚空しか見られないという「ブスの視界」、健康診断では何も引っかからないのに毎日だるい「謎の倦怠感ルーム」。

このような体験から、ブスが感じている世界はどのようなものか理解してほしい。

もちろん、理解したからといって、老人や妊婦相手のように優しくする必要はない。「自分の世界はマシだ」と思ってくれればいい。

我々だってなれる。なってやろうじゃねえか「モグラブス」に

「モグラ女子」というジャンルの女子が生まれた、と担当から聞いた。

もはや「◯◯女子」とか、みんな食傷気味だろう。百歩譲って◯◯女子はいいとしても、自分で自分を◯◯女子だとアピる女は滅しろと思っているだろう。

「私って、◯◯女子じゃないですかー？」と疑問系で言ってくる女の顔が、瞬間最高ブスだと論じる専門家もいる。

ではそんな、もはや誰も得しなくなりつつある新種の◯◯女子の、「モグラ女子」とはどんなものだろうか。「いつもは穴にもぐってるけど、実は鋭い爪を持った肉食系女子☆」みたいな、今すぐ穴に火炎放射のノズルを突っ込んでスイッチＯＮな女かと思いきや、穴にいる方のモグラは無関係だそうだ。

ビキニを着ていいか
どうかを決めるのはお前
ではない
オレだ

要するに、ファッション誌のモデル（女性向け）もやるし、グラビア（男性向け）もやっている女のことを「モグラ女子」と呼ぶらしい。

ファッションモデルとグラビアのハイブリッドなんて、最もブスに関係ない女ではないかと思ったが、そういう発想こそがブス特有の卑屈さだと考えを改めた。

我々だってなれる。なってやろうじゃねえか、「モグラブス」に。

というわけだ。もはや悪口としか思えなくなったが、それでもなるのだ。

ファッション誌のモデルというのは、何も若くてスレンダーな美女だけというわけではない。熟女向け雑誌には熟女が出てるし、デブ向け雑誌ならもちろん太ったモデルが起用されている。

しかし、そういうのに出てきているのは、キレイなババアや、雰囲気のあるデブであり、「やはりブスに用はないのでは」と思うかもしれないが、勘違いだ。

むしろ、ブスほどオールラウンドに、ファッション誌に必要とされているモデルはいない。

ファッション誌には、ほぼ確実にダイエットや美容器具、美容整形などの広告が入っている。その効果を読者に一番わかりやすく見せるにはどうしたら良いかというと「比較」である。つまり、「使用前・使用後」。「ビフォー・アフター」だ。その「ビフォー」として、圧倒的モデル需要があるのが、他でもないブス様である。

一応、「アフター」と同一人物ということになっているが、明らかに別人という場合もあるし、その美容器具ではなく、フォトショップというブスの特効薬が用いられているケースもままある。

それに、仮に本当に「アフター」状態になったとしても、モデルを続けようと思ったら、ビフォーに戻らないといけない。役者が役作りで太ったり痩せたりするように、プロのブスモデルにも「ブス作り」が求められるのだ。

このように、ブスには中途半端に顔とスタイルが良く、10代のころに読モ、現フリーターみたいな女より、よほどモデルとしての需要があるし息も長いのだ。つまり、モグラ女子の「モ」部分は完全にクリアしている。

次に「グラ」だが、まず「グラビアモデル」と言ったら何を思い浮かべるだろう。青年誌の表紙や巻頭で、水着姿で暮らしている人たちを思い浮かべるかもしれないが、それは正確な意味ではない。

その昔、そういう写真が「グラビア印刷」という印刷法でよく印刷されていたから

「グラビアモデル」という言葉が生まれたのだ。

つまり、グラビア印刷されさえすれば、全員グラビアモデルである。薄毛や口臭、水虫の広告だろうと、それがグラビア印刷ならグラビアモデルであり、それに出た、薄毛・口臭・水虫の三冠王が「今日から俺はグラビアモデル」と名乗っても問題はないのである。

だが、今現在、グラビア印刷はあまり使われていない。よって、グラビアモデルといったら、前述のような水着モデルのことを指すのが普通になってきている。

盲点かも知れないが、実は「ブスも水着を着ていい」のである。少なくとも主要部分が隠れていれば、法律上問題はない。

それを、法律を守ってビキニなどを着ているブスに対し「俺が法律だ」というような奴が己の基準で「ブスがビキニを着るな」などと言っているだけなのだ。

そして、ブスもそう言われるのを恐れ、海やプールなどの水辺にはまず近づかなくなるし、どうしても水着になる必要がある際は、着衣水泳など水難の訓練としか言いようがない、ほぼ服の水着を着ている。

水は危険がいっぱいだし、河童もいるので、そこに近づかないというのはある意味正しいのだが、河童より性質が悪い自警団みたいな奴の審美眼に従うのはおかしい。現に海外では、重量級の女子や、セブンティはくだらないであろう熟女が平気でビキニを着ていたし、誰も気にしていなかった。つまり、これは日本の悪しき文化なのである。

よって、どんな顔、体形だろうとビキニを着ていい。そして、グラビア印刷だって、個人で発注できるはずだ。それでポスターでも作れば、今のオフセット印刷のグラビアモデルよりも、はるかに「グラビアモデル」だ。

ただ、完成した自分のA1大（594×841ミリ）の、ビキニグラビアポスターをどうするかは、また別の問題だ。

しかし、「私ってモグラ女子じゃないですかー？」と言いたいなら、そこまでしていないとだめだろう。

欧米人でさえ婉曲表現にする「ブス」という言葉のパワープレイ

「ブス」を英語で何というか、知っているか？

知らないとしたら、国際社会の一員としてあるまじきことである。もちろん、海外でその一言を女性に放った瞬間、額か心臓に通気孔が開く可能性があるが、誰しも、頭や胸の風通しを良くしたい、と思う時があるはずだ。

そんな時、「ブス」という英語を知らなかったがために、汗疹《あせも》をつくる羽目になるかもしれない。つまり、覚えておいて損はないライフハックである。

ちなみに、これから紹介するのは全部失礼な言葉なので、「体の風通しを良くしたい時のライフハック」として覚えておいてほしい。

ではまず、はっきり「ブス」というのではなく、遠まわしに英語で「ブス」と言い

プレーンブス

たい時の言葉を紹介したい。英語圏の人間でも遠まわしに言うことがあるのか、と驚きだが、遠まわしに言わないと、銃死亡率がさらに上がってしまうので、仕方がない。欧米人でさえ婉曲表現にする、それが「ブス」という言葉のパワープレイなのである。

「plain」

我々、日本人もよく使う「プレーン」だ。これはなんと、「地味めのブス」の意でも使われる。

日本で「プレーン」というと、「基本、ベーシックなもの」。アイスならバニラ、焼肉ならカルビ、嵐ならマツジュン、というと別の戦争が起こって銃の出番がきてしまうので、最後のたとえはなかったことにしてほしい。ともかく、「プレーン」がブスを表現する言葉のひとつとは意外だ。

しかし、よく考えると「プレーン」という言葉は、これ以上ないほど「地味ブス」のことを表している。「地味ブス」というのは、元々の顔つきが地味なブスのことではない。地味な上に、化粧などの味付けもトッピングもしない、まさにプレーンなまま人前に出てきてしまっているブスのことだ。

だとしたら、「アイスならバニラ」というたとえは間違いだった。「焼いてない上に、何もつけていない食パン（開封一週間目）を飲み物なしで客に出す」ぐらいの意だ。素材が決して良いわけでもないのに、素材のままで出てきちゃっているのである。海外では「plain」がそういう意味であることは常識かもしれないが、日本ではまず通じないだろう。

むしろ「君って『plain』だよね」と言われたら、シンプルやナチュラルという意味にとって、地味ブスはまんざらでもない顔をする可能性もある。

つまり、「気づかれずに面と向かって悪口を言える」のだ。明日からブスに使いたい英語である。

そして、この「plain」を使った、もうひとつ覚えておきたい英語慣用表現がある。

「as plain as a pikestaff」

まず「pikestaff」とは、槍の柄という意味だそうだ。ブスを刃の方で刺すと、逆に抜けなくなって反撃を食らうので柄で撲殺するのが正しいという意味だろうか、と思ったが、これが実に使い勝手が良い言葉なのだ。

「明白な」の他に、「（見た目が）微妙」という意味である。

「微妙」。どっちつかずな日本人が大好きな言葉だ。それも明らかに「ＢＡＤ」なのに、それをはっきり言いたくない時に使う。

「昨夜の合コンどうだった？」と聞かれて、本当は「全員ブスだったし、うち２名ほど前歯がなかった」と言いたいところを「微妙」の一言で終わらせるという、雅さがある。

何事も多くを語ればいいというわけではないし、「その２名のブスの詳細ｋｗｓｋ」などと言い出す人間も稀なので、この一言で終わらせた方が相手にとっても良い。

このように、海外どころか、むしろ日本で使いたいブス英語があるわけだが、中には遠まわしに言いたいわけではない、という人もいるだろう。

遠まわしに言ったんじゃ、このブスには伝わらねえ。お茶漬けを出したら帰るどころか、３杯おかわりする上、スウェットに着替えて寛ぎ始めやがった。ズバッと「ブス」と言ってやりたい、という時に何と言うかである。

それは、「ugly」だ。

あまり聞きなれない言葉だし、意外にシンプルである。しかし、この一言にはかなり強烈な意味がある。ズバリ「醜い」という意味であり、それも「不快感を覚えるような醜さ」「見ていて胸くそが悪くなるような、見なきゃ良かったと後悔するような種類の醜さ」を指す。

1ミリもギャグにできる要素がない。

そして、この言葉には「決して人に言ってはいけない」という注意書きがされている。言ってはいけない言葉がなぜ存在するかというと、おそらく「心の中で言う用」である。

つまり、物事をはっきり言う国の人間でさえ、心の中か、今日死んでも悔いがない時にしか言わない言葉ということだろう。

この言葉が「ブス」に相当するかというと、まだ「ブス」の方が手心がある気がする。むしろ、「ブス」を英語にするのではなく「Busu」として輸出した方が良いのではないだろうか。

「Sushi」や「Tempura」に並ぶ、重要な日本の文化なのだから。

「不美人投票」同じようなデブスなら、グラム数が少ないブスが選ばれる

「美人投票」という言葉がある。

わかりやすく言えば、ミスコンのようなものだ。審査員が「美人だ」と思う者に票を入れ、一番の美人を決める。女を容姿で品定めするという行為は、現代では一歩間違えると、モンゴルくらいの面積を焼き払う大炎上に繋がる。

しかし、当の本人が「俺の美で殴りに来た」「あんなブス、ワンパンっすよ」「3秒だ」と容姿で戦うことを前提で自らリングに上がったのなら、ミスコンはボクシングと同じスポーツカテゴリなので、文句を言う必要はないだろう。

そうではなく、リングに上がってもいない人間に、審査員に選ばれてもいない奴が点数をつけるから揉めるのだ。草野球をしているところに、いきなりプロレスのレ

あえて
あのブスに一票
3
ブス

フェリーが乱入。10カウントとって試合を終了させたら、それが山本小鉄でもバットでフルスイングである。

実はこの「美人投票」、本来の意味だけではなく、金融市場でも使われるそうだ。株というのは、自分が上がりそうと思った株ではなく「他の多くの人間が上がりそうと思った株」を買う必要がある。

ミスコンでいうなら「確かにカブトガニそっくりだが、俺は彼女が一番美人だと思う」という株を買ったら損をする。逆に、「何かをコピペしてきたとしか思えぬ特長のない模範的美人だが、大多数の人間が美人と思う美人」のような株を買えば儲かる。

こう見ると、投資というのは単純であり、今すぐ会社を辞めて退職金をつっ込もうという気になってくるが、そう簡単ではない。

つまり、「多くの人が美人と思った女」を選んだ者に賞金をあげるというルールだ。普通のミスコンなら、自らの感性に任せてカブトガニを選んだり、「まあ、これが妥当かな」みたいなコピペ美人を選んだりするが、前述のルールになると、人は裏を読み出すそうだ。

誰が見ても美人なのに、「逆に（票を）入れないのではないか」と思ったり、「顔はイマイチだが愛嬌があるから、こういう女ほど選ばれるのでは」と考えたりする。さらに「オーラが」「福耳だ」「守護霊が強い」など、どんどん深読みしていき、結局は票がバラけたり、特に良いところが見当たらない女に票が集まるという現象が起こるそうである。

実際、株式市場でも、特に理由もなく上がりだす株があるという。この現象は、我々の実生活でも起こりうることだ。たまに「美人は逆にモテない」という話を聞く。そんなことはないだろう。顔は美人だが、会社でどぶろくを飲んでいるとか、体が闇人乙式とか、一目でわかる超個性があるならまだしも、普通にしていれば美人が一番モテるに決まっている。

そう思っていた時期が私にもあったが、この美人投票の例を見れば頷ける。つまり、「美人は皆が狙うから競争率が高い」「モテるだろうから男関係が派手そう」と、周りの男が勝手に裏を読んだ結果、美人はまったくモテず、二番手、三番手の方に人気が集中してしまうのである。

しかし、いくら相場が一筋縄ではいかないとはいえ、ブスにまで票が回ってくることはなかなか少ない。「逆に俺は一番ブスを選ぶ」と言われても、何が逆かわからないし、選んだ理由も「とりあえずヤれそう」とか「ブスだから言うこと聞きそう」とか、相当低い理由であることが予想されるので、選ばれない方がマシな場合も多いだろう。

一方、「美人投票」に対し「不美人投票」、つまり「ブス投票」という言葉もある。これは、腕に自信のあるブスの中から最強のブスを選ぶというわけではない。

株の世界では、どの株もパッとしない時は、一番マシな株が買われ急騰するという現象があるらしい。

要するに、ブスの中から「一番マシなブス」を選ぶことである。全員同じようなデブスなら一番グラム数が少ないブスが選ばれるのだ。

この現象は、逆に自分の株価を上げるのに使われている。合コンに、全員自分以下の女を連れて行けば、一番マシな自分がモテるというわけだ。

よく考えたら、オタサーの姫なども似たような現象ではないだろうか。一般的には大してモテない女でも、女が少ない場で、さらにコミュニケーション能力に欠ける男相手なら、普通にコミュ力がある女が無双できるのである。

試合に勝つために努力するのは良いことだ。だが、その前に自分が勝てるフィールド、少なくとも勝ち目があるリングにしか上がらないというのも立派な戦略のひとつである。

周りをすべて腐ったみかんや、壊れたラジオにする。そうすれば、腐りかけのバナナや壊れかけのラジオである自分が、手に取ってもらえる可能性が高まる。

しかし、消費者には「買わない」という選択肢もあるので、たまには自分の質も上げた方が良いだろう。

「体力を補う気力の限界」。経済を回すならガチャや食い物で回したい

「ブス図鑑」の連載は週1なので、少なくとも週に1回はブスのことのみを考える時間があり、原稿を書くのに何回も「ブス」とタイピングしているのだ。

これ以上の悪習慣は、存在しないのではないか。週1で麻薬をやっているのに等しいし、法で規制されてない分、シャブよりも性質が悪い。

唯一の良い点は、中毒性がない点だ。すでに通算1年以上、このブス（連載「ブス図鑑」）をヤり続けているが、「ブスのことを考えないと手が震えて幻覚が見える」などということは一切なく、今でも仕事じゃなかったら1秒ですら考えることはないと思っている。

このように「ブス」というのは、依存性のない、スカッと爽やかな存在なのだ。恐

ゴーオオオ
ル
BU SU

れることなく、どんどんヤってほしい。

これだけ長くやっていると、もうブスに言うことは何もない。むしろ、ブスに言いたいことなど最初からなかった。

「俺は忙しいので帰らせてもらう。ブスどもに車を与えるな」と、毎回ブチぎれて屋敷に帰っていくような有様なのだが、逆に、ブスを見つけてわざわざ「ブス」と言ったり、芸能人などの美貌の衰えを誰よりも早く察知し、ネットに大発表している人間は、どれだけ暇なのかと思う。

おそらく、寿命が10兆年ぐらいあるのだろう。だったら、1億年くらいブスのために使ってもまったく惜しくないだろうから、これからも頑張ってほしい。

つまり、毎回ネタ切れは感じる。しかし、何か取っ掛かりさえあれば、何かしら言うことが出てきてしまうのがブスである。

このように、ブスとは1匹見つけたら30匹は出てきてくれる頼もしい存在でもあるのだ。

しかし、その取っ掛かりを見つけるには苦労する。

「どこかに良いネタになるブスはいないかな」と庭の石を片っ端からひっくり返した

あと、私は、今までで一番活きのいいブスを見つけた。

そのブスは、日本海の荒波とかではなく、鏡の中にいた。

灯台もと暮らし。ブス探しの旅に出かける予定の人は、まず鏡を見た方が良い。幸せの青い鳥は、いつでも身近にいるのだ。

最近、本当にヒドイものである。1年続けた、週1でブスのことを考える＝「ブス習慣」の成果が出たというなら、「継続は力なり」という好例だが、単なる加齢と不摂生の結果だ。これもある意味、ブスになることを続けていたらブスになったという、矛盾のない結果だ。

加齢によるシワやたるみ、不摂生によるシミ、くすみ。忘れちゃいけない髪の汚さが加勢し、かなり貫禄のある風貌になっている。もちろん、「山賊の頭として」などの貫禄である。

体重も激太りとまではいかないが、着実に増えている。自分的には、まとめサイトで【閲覧注意】とかがつくショッキング映像だ。

由々しき事態だ。だが同時に、「もういいか」とも思った。人には生まれながらの美醜の違いがある。さらに、ソレに対しどれだけ抵抗するかも個人差がある。

「体力を補う気力の限界」

元横綱・若乃花関の有名な引退理由だ。若いころはピンとこなかったが、最近よくわかる。体重的にも横綱に近づいてきたせいかもしれない。

人間には、生まれながらに不平等なものがあるが、老いることに関しては平等である。そして、老いれば体力同様、容貌も悪くなる。それに抵抗するには「気力」がいるのだ。

日々衰えていく容貌に怯えながら、聖剣「アンチエイジング」を手に「ドゥモホルンリンクル！」「エスケイトゥー!!」などの必殺技で老化を倒していかなければならない。

しかし、老化の方は年々強くなるし、逆にこっちはさらに弱くなる。武器の数を増やさなければいけない上、武器の値段は高くなる。売る方も美貌を失う恐怖につけ込んで、『ドラクエ』のトルネコの店ぐらいふっかけてくることさえある。

そして、気力の限界がくるのだ。「もう、ゴールしてもいいよね？」と。

こうして、女たちは「ブス」や「ＢＢＡ」と書かれたゴールテープを切り、その先で待つパイセンたちとハイタッチを交わす。

それと同時に、話題から「美容」がログアウトし「健康」がインするのである。私も鏡を見たのが10年前なら、瞬時に飲むだけで痩せるサプリと、巻くだけで腹筋が引き締まるマシーンをアマゾンでポチるという、ブス十八番「経済大回転」を見せつけてやるところだが。

今ではもう、それを放つ気力がないし、どうせ経済を回すならガチャや食い物で回したいと思うようになってしまった。

スポーツ選手の寿命が昔より伸びているのと同じように、女の引退も遅くなっている。しかし、現役でいるために必要な気力のことを考えると、生涯現役であろうとする女には尊敬の念を禁じえない。

そういった女性はこれからも自分への投資、つまり美容界への投資で経済を回してほしい。私は私で、ガチャで経済を回す。

戦う場は違えど、日本経済を支える一員として、死ぬ時は同じ。そう、桃の木の下で誓い合いたい。

「立てばブス座ればブス歩く姿はブスのブス」

前回の原稿は、暗に「ネタが切れてるぞ、クソが」という担当へのメッセージも含まれていたのだが、それを察してか、早速新しいネタがきた。担当も、やっと人の心がわかるようになったということだろうか。

「『転べば糞の上』ということわざがあります」……以上だ。

前言撤回である。前々からそうじゃないかと思っていたが、ブスネタと称して『うんこ漢字ドリル』の資料を送ってきたり、どうやらこの担当、「ブス」と「クソ」の見分けがついていないようである。

よく創作上のサイコパスが、「人も野菜も同じように見えるから簡単に破壊できる」みたいなことを言うが、大体それと同じであり、しかもクソに見えるというのだ

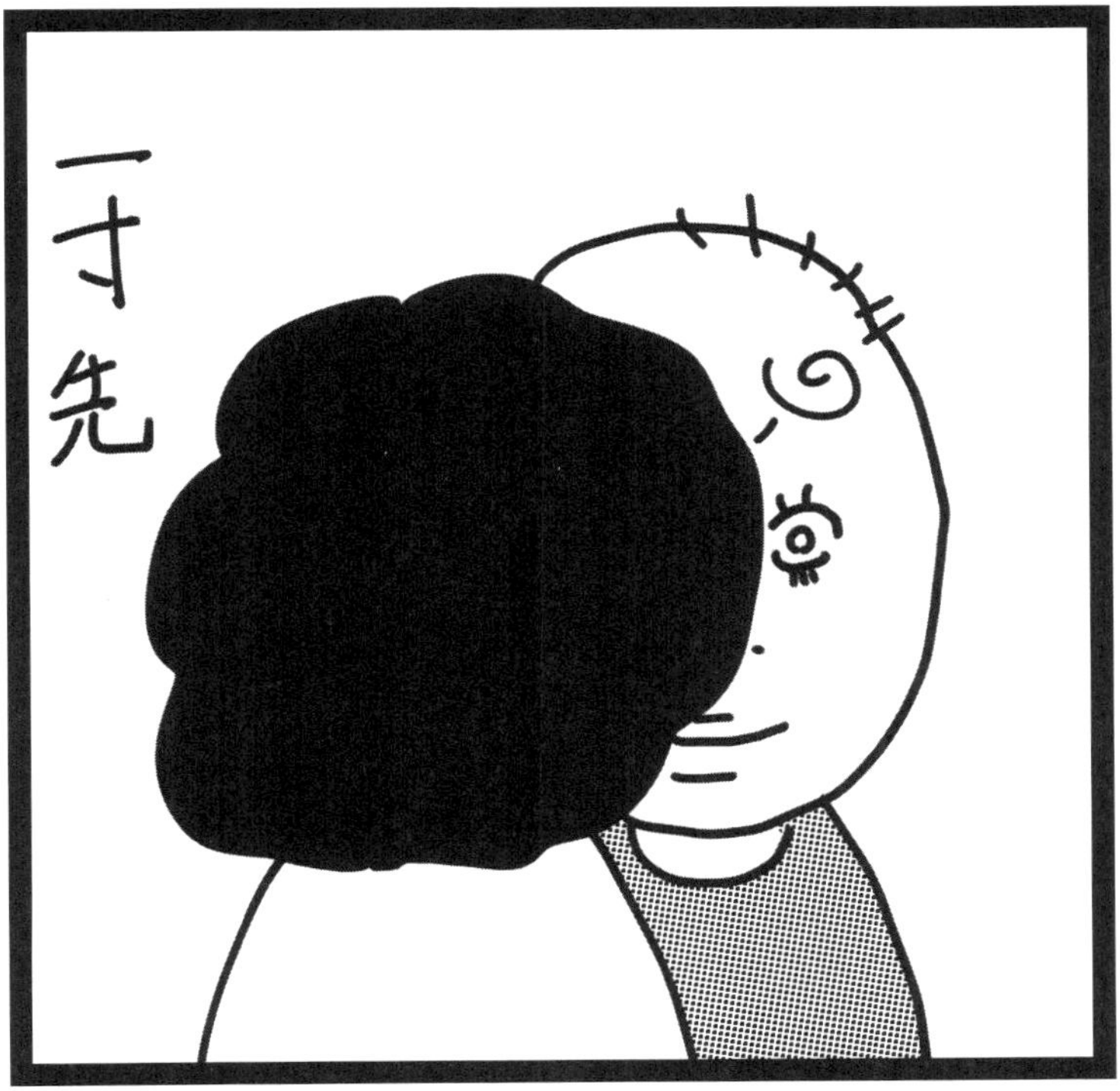
一寸先

から相当だ。

人が「ゴミ」に見えるどころではない。早急に、担当に向けて放たれる「バルス」が必要である。

意味としては「泣きっ面に蜂」と、ほぼ同じだという。

何度考えても、なぜこれをブスネタとして送ってきたかわからぬので、本当に「ブスといえばクソ」「クソといえばブス」と、担当の頭に電球がついてしまったとしか思えない。クソはともかく、ブスを使ったことわざはあるのだろうかと調べたところ、ご存知「美人は3日で飽きるが、ブスは3日で慣れる」が出てきた。

明らかにブスが考えた言葉、というかブスの代表作と言って良い。

清少納言といえば『枕草子』、鳥山明といえば『ドラゴンボール』、X JAPANといえば「紅だあああ!!!!」である。

この言葉は、ブスというものがこの世からいなくなり、ことわざとして通じなくなるまで、消えることはないだろう。つまり、地球が爆発する日まで残る文化遺産をブスは残したということである。

しかし、これを調べている間に「ブスは3日で慣れるといいますが、3年経っても慣れません」という相談を発見してしまい、久しぶりに「やっぱり、Yahoo! 知恵袋は地獄だぜ……」と戦慄した。ベストアンサーは、やはり「視力を落とす」だろうか。そもそも「ブスは3日で慣れる」というのも、3日間ブスを見続けたら裸眼では何も見えなくなるので、ブスも美人も関係なくなるという意味なのかもしれない。

さらに調べていくうちに、「#ことわざの一部をブスにするとえげつない」というツイッターのハッシュタグを見つけた。これは一見、ブスを笑いものにした大喜利のように見えるが、違う。

まず、「えげつない」とは何か。「やり方が悪どく、人情味がない」ことを指すのだ。悪い言葉である。しかし、いつの世も悪は強いのだ。やり方を選ばない方が強いに決まっている。だから正義はいつでも苦戦する。アンパンマンなら逆転勝利が約束されているが、現実では大体、えげつない方が勝つのだ。

つまり、「ことわざの一部をブスにするとえげつない」というのは「このブス様が貴様らの甘さを粉砕し、力を与えてやろう」ということだ。

瀕死の主人公に「力《ちから》ガ……欲シイカ……」と語りかける側、すなわち「神」である。

例えば、「立てば芍薬座れば牡丹歩く姿は百合の花」という言葉がある。簡単に言うと「最強の美人」を表したものだが、花などという寿命の短いものにたとえてしまったせいで、逆に「美人もいつかは枯れるし、元が美人であるほど枯れが目立つ」という、美人最大の欠点を露呈してしまっている。最初から茶色のナナフシが擬態しているかのような植物の枯れなら、誰が気にするのか、という話だ。

では、これをブスに変えたらどうだろうか。

「立てばブス座ればブス歩く姿はブスのブス」

なんということだ。自ら弱点を晒していた言葉が、一瞬にして「隙がない」という意味になってしまった。どこから攻撃していいのかまったくわからない「達人」を表すことわざである。

どうせなら普段使いしたいので、自分がよく使うことわざを強化してみよう。

「一寸先は闇」

おそらく私が、人生で一番使ってきたことわざだ。これをブスにすると、「一寸先はブス」となる。闇もブスも一寸先にあったらキツイ。つまり、ちょっと語感がオモシロくなっただけで、意味は大して変わらないではないか。と思ったかもしれないが、それは甘い。

まず、一寸というのは「約3・03センチ」、大体3センチである。そして、実際に定規で3センチを確認したところ、「メチャクチャ近い」のである。この距離にブスの顔があったとしても、正直、パーツぐらいしか見えないので、ブスかどうかもわからない。

SNSなどに口元を全隠しして、目元だけの自撮りを載せている人間がいるだろう。あれはパーツだけなら、イケて見えるからだ。つまり、人の一寸先を陣取ることにより、ブスを隠すのはもちろん、美人に見せることにさえ成功しているのである。

容姿にコンプレックスのある人間は、人に顔をあまり見られたくないので、隠したり、いつも俯いたりしてしまう。「一寸先はブス」は、そういった行動と対極をなす、「攻めの一手」「ノーガード戦法」という意味だ。

あと、「七転八倒」という言葉も好きなので、改変してみよう。

「七ブス八ブス」

トータルで15ブス！　強い！　説明不要!!

凄まじい強化作用、ドーピングとして禁止薬物に指定されるのは時間の問題だ。今のうちに、お気に入りの言葉に「ブス」を注入しておこう。

どんな美人でも、自分の美をひけらかすような人間は美しくない

「肌と肛門のお手入れは、同じでいいらしい」

担当から「ブスネタ」として提供されたものである。前回の糞に続き、担当はブスを、人を、命をなんだと思っているのか。

しかし、他人に腹を立てるのは容易い。大事なのは、その前に自省してみることである。なぜ、貴様は「クソ」と「アナル」の話に腹を立てているのか。

それは、クソとアナルを下に見ているからに他ならない。確かに物理的には完全に下の話だが、決して低い話ではないのだ。

まず、アナルは自分の大事な体の一部、そしてクソも出なきゃ死ぬ。つまり、両方とも命に関わる話題なのだ。つまり、「汚い話をしないでちょうだい」と羽扇で顔を

実は美人

隠し、眉をしかめているその精神こそが、ブスである。

そういう女は、顔に高い化粧品をつけることに夢中で、ケツにウンコがついていることには気づかないのだ。

話は最初に戻るが、「肌と肛門のお手入れは同じでいい」というのは、顔もトイレットペーパーで拭けということではない。肌もアナルも排泄器官なので、色々塗りたくって吸収しろ、という方がおかしな話であり、アナルと同じように、清潔にして乾燥を防ぐくらいの手入れで十分である、という考え方のようである。

確かに、アナルも毛穴も「出す」穴だ。つまり顔はアナルの集合体、もはや「アナル＝顔」と言って良い。そして、このことから導き出される答えはひとつ。

アナルが美しければ「美人」と言って良い、ということだ。

まさか、まだ美人になるチャンスがあったとは驚きである。さっそく、美人になるため「美アナル」で検索してみた。すると、出るわ出るわ、美アナル写真や、美アナルに自信のある方が出演しているＡＶの数々。

それはいい。だが、当方はすでに美しいアナルを見たいわけではない。これから美しいアナルになりたいのだ。だが、これは検索の仕方が悪かった、美アナルに罪はない。

それで再度「アナル　手入れ」で検索してみたところ、なんとすでに海外セレブの間で話題のアナルケアがあるのだという。どうやら海外セレブというのは、贅を尽くしすぎて、もはやアナルを手入れするしかやることがないようである。セレブの人生というのも、なかなか過酷である。

そのケアの名前は、「アナルブリーチング」だ。

もはや説明不要な気がしてならないが、一応解説すると、アナル周りの黒ずみを除去し、アナル周辺を限りなく尻肉の色に近づける、ということだそうだ。

なるほど、これ以上ない意識の高みを見た。それに比べて、自分は現時点で自分のアナルがどんな色をしているのかも知らない。あの日見た花の名前どころか、自分の肛門の色すら知らぬ。恥じ入るばかりである。

やり方は、ムダ毛を除去したあと、ピーリング、そして美白クリームだそうだ。

マジで顔にする手入れと、あまり変わらないことをしている。すでにアナルブリーチング専用の商品があるようだが、顔用化粧品を使っても良いのではないだろうか。

それか、化粧品会社は「これひとつで、顔とアナル両方美白」というキャッチの商品を作ったらバカ売れだと思う。

そうして手に入れた美アナルをどこで誰に披露するか、皆目見当もつかないが、「見えないところはどうでもいい」というのは典型的ブスの発想である。そういうブスは、見えてるところもアナル級に黒ずんでいるものなのだ。

しかし、何事も見た目だけでは意味がない。アナルは特にそうだ。実力も備わっていて初めて「美アナル」だろう。

よって、「アナル　鍛える」で再検索したところ、「とにかく開け閉め」だそうだ。これはTPO問わず、どこでもできる。むしろ、今までどうでもいい会議や、他人の惚気話などで死んでいた時間を、アナルの開閉により「生きた時間」に変えることができるのだ。

こうして名実ともに美アナルを手に入れた暁には、何の躊躇いもなく「美人」を名乗っていい。

だが、人に見せびらかすのはご法度だ。どんな美人でも、自分の美をひけらかすような人間は美しくない。アナルも同じである。あと、普通に逮捕される。

我々、日本人の寿命はどんどん延びており、2000年代に生まれた者は、半数が100歳まで生きると言われている。つまり、これからは、ババアとして生きる時間の方が圧倒的に長くなるのである。ババアになってからは、シワだらけの顔より、ガタガタのアナルを抱えて生きる方が辛いだろう。

この超高齢化社会において、「若い時だけ良ければいい」という考えはもう古いのだ。それは、年を取ってからの辛い期間が、より長くなることを意味する。よって、シワの1本で一喜一憂するより、健康的な美アナルを持つ方が、より長い期間「美人」でいられるということである。

フリップに「ブスです」と殴り書きして掲げる方が楽に決まっている

客観的且つ理論的に顔を評価し、改善点を有料で示してくれるウェブ上のサービスが話題になっていたようだ。

調べるとそういったサービスは様々あるが、システムとしては、顔写真を送ると、良い点と悪い点を分析し、悪い点を改善するための具体的方策（顔トレなど）を提案してくれるらしい。

客観的、理論的。恐ろしい言葉である。

再三言っているが、なぜブスが自分で自分を「ブスブス」言うかというと「死んでも他人に言われたくないから」だ。

だから、クイズ王のごときスピードで早押しボタンを押し、誰よりも早く「ブスで

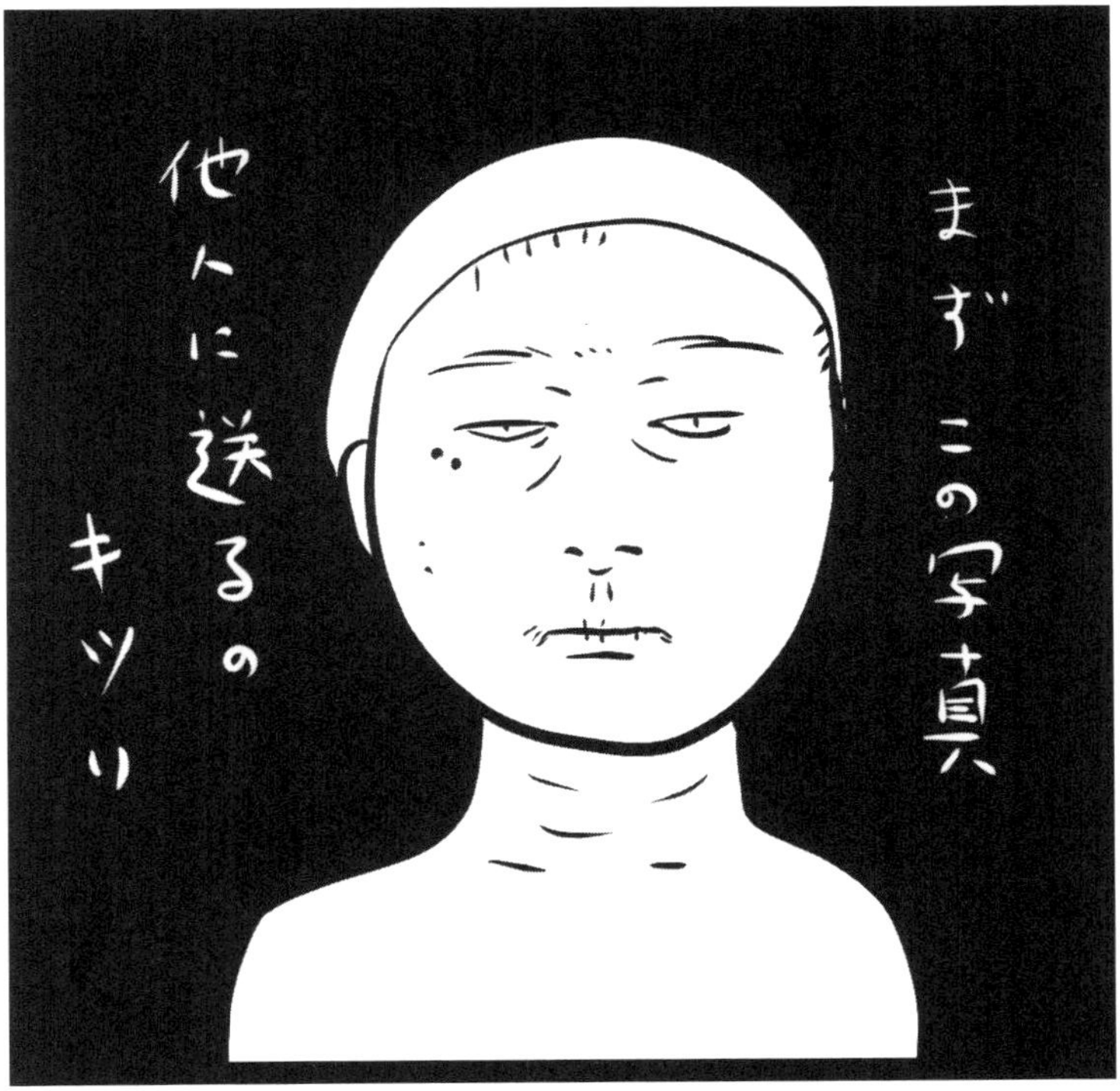
まず この写真
他人に送るの
キツリ

す！」と言っているのである。

逆に言うとこれは、「自分はどうせブスだし、他人のお前らに言われなくても重々承知なので、イチイチ言うんじゃねぇ。クソリプがしてぇなら、口元隠して胸の谷間は隠さねえ、自撮り女の所にでもいけよ」という、謙虚どころか、人の苦言や助言は一切受け入れないという、籠城を決め込んでいるに他ならない。

向上したければ、まず悪い点を認めなければならない。しかし、認めるだけなら「ブスですが、何か？」という開き直りと大差ない。

「ワイはブスや、プロゴルファーブスや」と高らかに宣言するだけして、「じゃあ、そういうことでお先に失礼します」とグリーンを去るのではなく、「で、どうする？」と言わなければならないのだ。

もちろん、アドバイスを求めるだけではダメだ。

自分からアドバイスを求めておいて、いざ他人にアドバイスされると、そのアドバイスがいかに無理であるか論破するのに命をかけだしたり、「私にそんなことをしろだなんて、私のこと全然わかってくれてない」と突然遺憾を示しだした経験が誰しも一度や二度あるのではないのだろうか。あるなら、その場で撲殺されなかったことをまず神と友に感謝した方がいい。

悪いところを認め、改善策を素直に受け入れ実行する。ブスだけではない。すべてにおいて難易度が高いことだ。それよりはフリップに「ブスです」と殴り書きして掲げる方が楽に決まっている。

この顔診断サービスは、その難易度が高い行為のすべてが詰まっているといっていい。

しかし、自分の顔を客観的に判断するというのはそれ以上に難しい。

何せ自分の顔である。マカロンかけご飯ぐらい甘くなるか、『シグルイ』の藤木源之助ぐらい手心がなくなるか、のどちらかである。

甘口の診断結果では「今のままで十分じゃね」という結論になるだろうし、辛口すぎても「恐ろしいことに鼻に穴がふたつも開いている」「名状シ難キ、ナニカ」という診断になってしまい、最善策が「今世で、できるだけ徳を積んで来世に期待」になってしまう。

つまり、他人に見てもらった方が絶対いいのだ。

では実際、この顔診断を受けたらどうなるかを想像してみよう。何事も事前にシミュレーションしておけば、取調べ室で「カッとなってやった」と言わずに済み、「やると思ったけど、やっぱりやった」と落ち着いて言える。

まず、提出する写真は、すっぴん且つ髪の毛もひっつめで真正面から撮ったもの。遠すぎたり、背景の方にピントが合っていてもいけない。フォトショップでの加工は、もってのほかだ。

もちろん、すっぴんと言いながら眉毛やアイラインを引いていてもいけない。それはSNSに投稿する用であり、そういう写真を提出するようなら、顔を判断してほしいのではなく「すっぴんなのにかわいい」と褒めてほしいだけである。

写真の提出までに、これだけ自意識と戦わなければいけないとは驚きだ。写真を送った後は、先方の観察により気づいた良い点と悪い点を指摘してくれる。

左右の目の大きさが違う、鼻に歪みがある、むくみがあるなど、確かに客観的な指摘であり「名状シ難イ」などとは言い出していない。

だが、それを素直に受け入れられるかは別である。

まず「ところで貴様は何奴だ、美の巨人か？」と、相手の審美眼を疑いだす可能性の方が高い。もしくは、自らサービスを購入したにも関わらず「何の権利があって、誰の許可があって人様の顔に文句を？」と理不尽にショバ代を要求する人みたいなことを言い出すかだ。

しかし、指摘されるのは悪い点だけではない。輪郭がキレイとか、涙袋が大きくていいなどの長所もあげてくれる。どんなに褒めるところがなくても、「カリスマ性を感じる」など投げ出したことは言い出さない誠実さがある。

他人に「ブス」と言われることを嫌うブスだが、褒められても不快感を露にするのもまたブスである。

褒め言葉はすべてウソであり、陥れるための「罠」だと信じて疑わぬのである。

よって、ひとつ褒められるたびに「追加料金」を疑うのである。

そして、特徴を言いっぱなしではなく、アシンメトリーな顔ならそれを整えるトレーニングを教えてくれる。いきなり「高須クリニック」と言い出さない親身さがある。

それに対するブスの返答は「私、忙しいんですけど？」だ。相手がまったく知らない情報を使っての異次元からの切り込みである。

とにかく、次から次へと相手への反論と屁理屈が湧いてくる。自分にこんなにクソリプの才能があるとは驚きだ。

このサービスが本当に美に有効かは置いておいて、語彙能力など己の隠れた才能を発見できる可能性があるという点で、試してみるのも良いかもしれない。

美人だろうがブスだろうが、バカはカリスマになれない

ツイッターに「美容垢」というジャンルがあるらしい。

1日64時間ツイッターに張りついているのに、そんなことも知らないのかと言われそうだが、ツイッターというのは、基本的に自分がフォローした人間のつぶやき、またはフォローした人間がリツイートしたものしか、タイムラインに表示されないのだ。

そして、何を基準にフォローをするかというと、自分が興味のある分野か、発言が自分の好みにマッチするアカウントだ。

つまり、類は友しか呼ばねぇのがツイッターだ。その結果、私のタイムラインは、美容どころか社会情勢にすら興味がないツイッター界のテレ東と化してしまったため、毎日ガンジス川のごとく、クソから死体まで選りすぐりの無益情報が流れてくるので

ある。

要するに、自分が「美容垢」をフォローしないのはもちろん、フォローしている人も美容垢のつぶやきをリツイートしないので、1日96時間ツイッターをやっていても、まったく関わりがないのである。

どこからどんな流れ弾が飛んでくるかわからぬのがツイッターだが、一貫して馬糞しか飛んでこないアカウントもあるのである。

そんな私の人生に一片も関係ない「美容垢」とはどんなものかというと、その名の通り美容についてつぶやくアカウントである。

お役立ち美容情報や、お勧めのプチプラコスメ、自分のダイエット記録など「#かわいくなりたい人とつながりたい」などのタグで同士を集めて情報交換、切磋琢磨するのである。

関係なさそうだな、と思ったがマジで関係なかった。

しかし、こういうアカウントをフォローしておけば、毎日タダでお役立ち美容情報が流れてくるということである。

一見、得なように見えるが、何せツイッターだ。「ソースはツイッター」というの

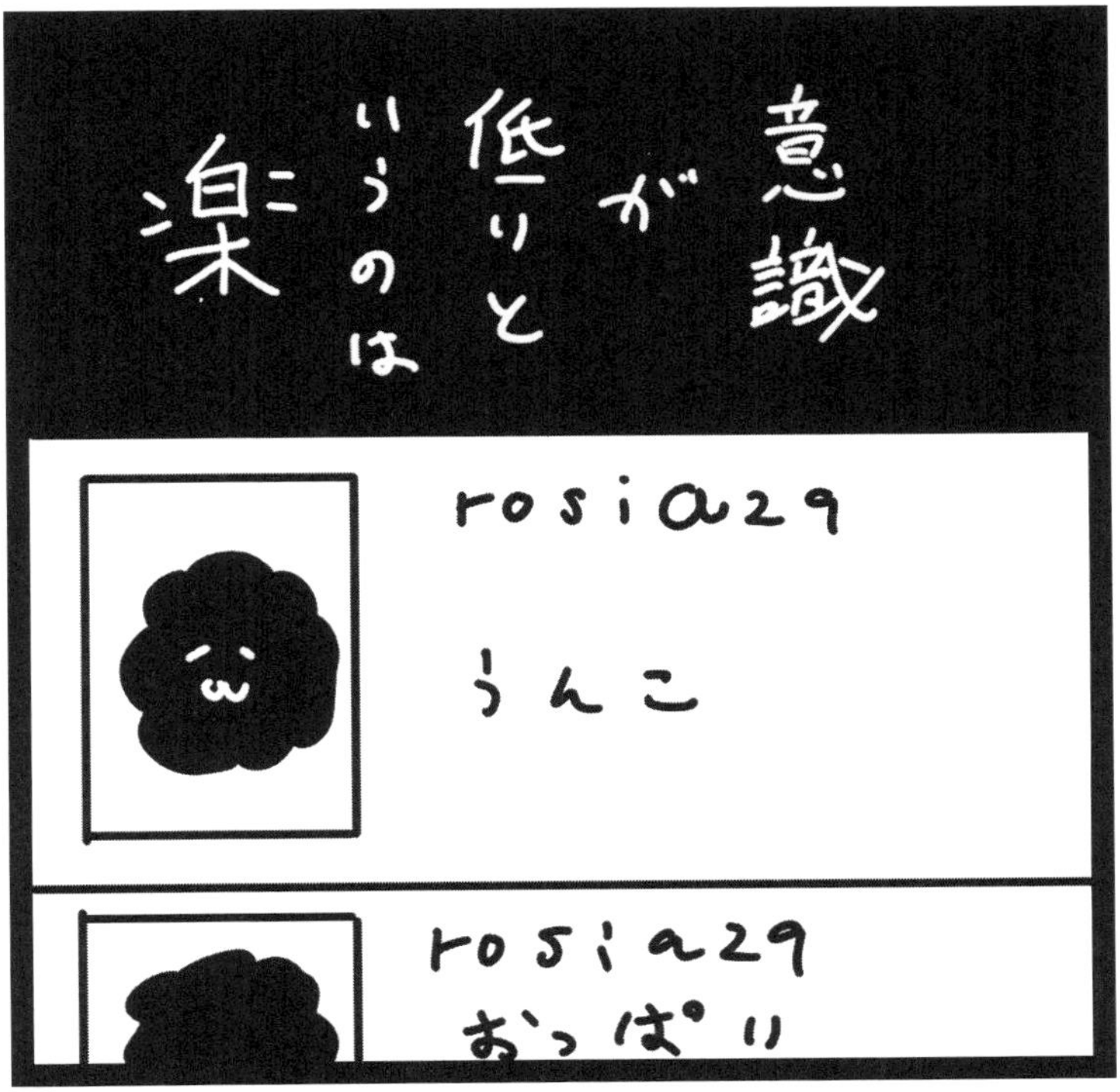
意識が
低いと
いうのは
楽
rosia29
うんこ
rosia29
おっぱい

は「根拠はない」と言っているに等しい。

現に、嘘美容情報を流して、女どもが顔にまったく美容効果のない異物を塗りたくる様を見て、笑顔になることを目的としているアカウントなども存在しているという。

結局、ツイッターはガンジス川なので、どれだけ美容垢、意識高い垢、SNSポエム垢しかフォローしていなくても、クソと死体は流れてくるのである。

しかし、本当に有益な情報を流しているアカウントも、もちろんある。

そういったアカウントはカリスマ的人気が出て、フォロワーが何万人もいるようだ。

これは負けていられない。作るしかないだろう「ブス垢」を。

相手が100均で買える有能コスメを紹介するなら、こちらは食った翌日に「お肌激荒れくん」な100均菓子を紹介だ。

向こうがダイエット記録をやるなら、もちろんこちらは増加記録だ。「油断して痩せてしまいました……明日からまた頑張ります！」という自己批判も忘れない。

また、美容垢というのは、外面の美しさのみではなく、内面の美しさについて説くアカウントも美容垢に入るらしい。

ならば、こちらも外面だけではなく、内面のブスさをアピっていかないといけない。

しかし、差別発言や他人の悪口を垂れ流せば良いというわけではない、それはただの「頭の悪い垢」だ、美人だろうがブスだろうが、バカはカリスマになれない。

まず美容垢、それも内面系美容垢がいい。その中から半ポエムになっている意識高い系内面美人ツイートをリツイートする。ソレに対し「ｗｗｗｗｗｗ」と、エアリプだ。

自分自身は何も発言しないことで批判をかわし、ただ遠くの高いところから相手を笑うという、スタイリッシュ内面ドブステクニックである。

「使用済み◯◯を顔に塗って０円美人」のような安価美容には、「美容効果はありそうですが、そんなものを顔に塗って心の方がみすぼらしくなりませんかね？」と一旦認めておいてからの空中クソリプ殺法をお見舞いだ。

ここで気をつけなければいけないのは、直接リプはせずに、エアリプでやることだ。でかいことを言っているが、美容垢勢と直接対決する度胸はない。あくまで相手の見えないところから石を投げたいという、「キングオブブス精神」を持つことが重要なのだ。

そして、ブス垢をやるにあたり、問題になるのが「顔出し」だ。

美容垢でも顔出しをすると「偉そうなこと言って、ブスじゃん」と批判が来るらしい。かといって、出さなくても「本当はブスなんでしょ」と批判が来る。

しかし、これは、どれだけ非の打ち所のない美人でも必ず来るだろう。美の基準というのは人それぞれゆえに、一番根拠なしに批判できる点なのである。

さらに世の中には「どれだけ人気があって、サクセスしていても顔がブスなら俺の勝ち」という謎ルールがあり、別に顔を売りにしているわけでもないのに、このルールで殴りかかられている女を山ほど見てきた。何をどうしても怒られるのが、「メディアに顔を出す」ということなのである。

これはブス垢でも言える。顔を出したら「偉そうなことを言って、さほどブスじゃない」という批判は免れないはずだ。もしくは「ここまでブスとは思わなかった。賠償を要求する」と言われるかもしれない。

そういう反応に対し、一人ひとりに反論していても仕方ない。カリスマJK美容垢も「『ブスじゃんツッコミ』は、イチイチ気にしないようにしている」と言っている。高みを目指すなら、足を引っ張りたいだけの人間を気にしている暇はない。美とブス、目指すゴールは違えど、そこだけは共通と言えよう。

自分のようなカリスマ神ドブスが顔出しなんかしたら、信長が敦盛を舞う隙もなく一瞬で炎上する

今、ユーチューブ全盛期らしい。

私もよく利用する。といっても、見るのではなく、もっぱら作業BGMとして「八甲田雪中行軍遭難事件」のウィキペディアを機械音声が朗読する動画を延々流しているだけなので、一体何が流行っているのかは定かでない。が、とにかく人気だそうだ。

ユーチューブが流行なので、ユーチューブに動画を投稿する「ユーチューバー」も人気であり、子どもの将来なりたい職業の上位に「ユーチューバー」がランクインしているという。

よって、たまに「うちの子が『ユーチューバーになりたい』と言っているが、どうしたらいいのか?」という親の悩みが散見されるようになった。

子どもがユーチューバーになりたいと言っていることより、親が「地球のみんな、オラに子どもの夢を叩き潰す知恵を分けてくれ」と、ネットで両手を広げていることの方が怖い気がするが、親の気持ちもわからぬでもない。

親も「あいつ、なんか目立とうとしててムカつく」という理由で止めているわけではない。一攫千金を狙えるのは確かだが、失敗する確率もリスクも高い。それよりは安定した職に就いてほしいと考えるのは、親なら当然のことだ。

しかし、子どもからすれば「今の時代、安定した職って何よ」という話である。どんな大企業でも、明日潰れてもおかしくない昨今である。もはや、会社員もフリーランスも安定度なんて変わらないのではないか。だったら、好きな方をやるべきじゃないか、と考えているかもしれない。

奇しくも、私は現在進行形で会社員とフリーランスを両方やっているのだが、今のところなんと「会社員の方が安定している」と、夢の欠片もない結果が出ている。むしろ「フリーランスだけだったら即死だった」という局面の方が多い。

だが、これはあくまで、成功しなかった敗者の弁である。皆は若いし才能もあるし、何より私の子どもじゃないので、最初からユーチューバー一本で、なんだったら今す

ナゼここにガタガタ言うて。

ぐ大学を中退して始めてほしい。

話がダイナミック迂回しすぎてしまったが、ユーチューバーを「ユーチューブに動画を投稿する人」とすると、ユーチューバーは次のように分けられる。顔を出す者、出さない者、出しているのに再生数二桁（自分の閲覧数も含む）の者だ。

これはユーチューブだけに関わらず、ネットで何か発信する者すべてが、これらに分けられる。そして「出さない派」の中には、「顔出しなどもってのほか。顔を出すぐらいなら陰部を出す」と、『けっこう仮面』スタイルで現れ1秒で垢BANされるくらい、確固たる信念を持っている者がいるのだ。

そういうタイプが、なぜ過剰に顔出しを嫌がるかというと、もちろん安全面もあるが、「自分のようなカリスマ神ドブスが顔出しなんかしたら、信長が敦盛を舞う隙もなく一瞬で炎上するし、秒で住所を特定され、自宅に救急車と霊柩車、ピザ100枚、盆と正月がやってくるに決まっている」と信じて疑わないのだ。

逆の意味で自分の顔面の影響力を過大評価しており、常人よりも、よほど自らの容姿に自意識過剰になっている状態である。「自分の顔で人が動く」と思っているのだから、相当だ。

本当にブスかどうかは関係ない。ただ自分を「ミリオンアルファブス」だと思い込み、自分は影響力あるから言動には気をつけないと……と思っているのである。

ユーチューブ他、ネットに顔を抵抗なく出す女に対し、我々、特に前述のような顔面自意識が炸裂しているブスは「よほど自分の顔に自信がありまっしゃるんどすやろなぁ、うらやましいですわばってん」と、「バカは悩みがなくて羨ましい」みたいな感想を抱きがちだ。

もちろん、本当に自分の顔に自信があって出している者や、自信がないふりをして自信満々で出している者もいるだろうが、中には自信以前に、自分の顔など意識してないから出せるという者もいるのだ。意識していないので、〝ソレ〟を出したら良くも悪くも何か起こる、という発想がないのだ。

確かに、美容アドバイザーという肩書きで出ている女が「ジェノサイダーの間違いでは？」という顔をしていたり、「美ボディ作り」というテーマの動画に出てきたインストラクターの女の体形が、動画の枠に収まりきらず常に見切れているというなら、ツッコミは不可避だ。

しかし、「新鮮白菜」というテーマの動画を見て、「作ってる農家のババアがブスだから、この白菜はダメだ」と言う奴がいたら、そいつの人生がどれだけ面白くなかったら、そんな感想が出てくるのだ、と思うだろう。

よって、顔で生きているわけでもない人間が、そこまで自分の顔を意識する必要はないのではないか。白菜を作るのが仕事なら、おいしい白菜が作れていれば、それでいいのだ。

……と言いたかったのだが、残念ながら、白菜動画を見て、作っている人の顔に文句を言う奴が結構多いというのが現実である。

むしろ、自分の顔をブスとも美人とも意識さえしていなかった人間が、美醜がまったく関係ないテーマでネットに顔を出したのに、いの一番に「ブス」と言われて、自意識炸裂ブスに転じてしまうケースもある。

「公衆便所は誰がウンコしてもいい」と同じように、なぜか世の中には「ネットなど不特定多数が見る公共の場で顔を出す女には、無遠慮に『ブス』と言っていい」というルールがあるように思えてならない。

だが実際、どんな人間が見るかわからないのがネットである。マナーを守ってキレイに扱ってくれる人間もいれば、的を大幅に外した上、後始末もせずに出て行く人間もやってくる。

ネットに顔を出す行為は、「そういう来客もある」と覚悟をした後が良いだろう。

あとがき

本書をここまで読み進めた、3名ぐらいの冒険家に問いたい。「今まで読んできた内容を覚えているか」。おそらく、今まで食ってきたパンの枚数よりも覚えてないだろう。奇遇だな、私も今まで何を書いたか、やっぱり覚えていない。

ところで、現代の日本は、時間を有益に使うことに拘泥しすぎていないだろうか。1秒でも無駄を省き、意味のあることをしようとしている。そんな世の中が、休日を一日寝て過ごした己を責めるような、自罰的な人間を作り出しているのではないか。「休める日に寝る」という、これ以上ない休息をとった自分を責めるなど、Mが過ぎる。そんな人間ばかりのド変態国家になりつつあるのだ。

「短い人生を有意義に」などと思っているのかもしれないが、いつまで日本人の寿命が70~80年そこそこだと思っているのだ。2000年代生まれは、すでに半分が100年は生きると言われているのである。

「思ったより人生長い」「なかなか死なねえ」。そう考えるのが、正解だ。そして誰もが、インスタに住んでいる人たちのように密度の高い人生を過ごせるわけではない。よってこれからは、「何をしたかまったく記憶にないが、時間だけが経っていた」という時間をいかに作り出すかが重要だ。そうでもしないと、100年など経たない。

本書はそういう「ワープ時間」を作るのに、睡眠の次に有効だ。つまり、本書を読むぐらいなら寝た方がいい。

私も「ブス」について週1で論ずるという行為によって、その間の記憶がまったくないのに、「2年ぐらい経っていた」というワープに成功している。

私の場合は書き手として、いきなり年単位で時空旅行をしてしまったが、読むだけなら数時間で済む「お試し記憶喪失」として、ぜひ本書を利用してほしい。

さらに本書の良いところは、何度も言うが「読んだ瞬間、内容を忘れる」という点。よって、何度でも最初から読んで、何度でも記憶喪失できるのだ。実にエコである。

コスパも時短も、人間ごときの都合だが、エコは地球のために重要だ。だが、読み直す際には同じ本を使わず、読んだら燃やし、燃やしたことすら忘れて、新しい本書を買って読む。これが、『ブスのたしなみ』をたしなむ作法である。

２０１7年11月　カレー沢薫

＊本書は２０１６年４月より「cakes」にて連載中のコラム「ブス図鑑」に加筆・修正、書き下ろしを加えたものです。

カレー沢薫（かれーざわ・かおる）

１９８２年生まれ。ＯＬ兼漫画家・コラムニスト。２００９年に『クレムリン』（講談社）で漫画家デビュー。自身2作目となる『アンモラル・カスタマイズZ』（太田出版）は、第17回文化庁メディア芸術祭審査委員会推薦作品になぜか選出され、担当編集ならびに読者が騒然となった。その後も雑誌『Hanako』（マガジンハウス）をはじめ多くの連載を抱え、日々、Twitterでのエゴサーチと読者交流を欠かさない。単行本発売後、文庫化もされた初のコラム集『負ける技術』（講談社）、『ブスの本懐』（太田出版）など続々重版中。

ブスのたしなみ

二〇一七年一二月一三日　第一刷発行

著　者　カレー沢薫
発行人　林 和弘
発行所　株式会社太田出版
〒一六〇・八五七一
東京都新宿区愛住町二二 第三山田ビル四F
電話　〇三・三三五九・六二六二
ファックス　〇三・三三五九・〇〇四〇
振替　〇〇一二〇・六・一六二一六六
ホームページ　http://www.ohtabooks.com/

印刷・製本　株式会社シナノ

ISBN978-4-7783-1604-4 C0095

［制作］
編　集　林 和弘（太田出版）
　　　　向井美貴（太田出版）
　　　　熊谷早苗
装　丁　木庭貴信＋岩元 萌（オクターヴ）